法相山文教基金会 释慈智 著

十二堂欢喜自在的修心课

上海人民出版社

序

在二十一世纪的现代，中国人的物质生活越来越好，几乎人手一只智能手机，随时保持在二十四小时可与人互动的状态中，内心的忙碌与纷乱可见一斑；且低头族日益严重，影响的现象就是伦理荡然无存、社会脱序失态，日日天灾人祸、大小灾难不断！这种情况不是我们短暂的旅游、度假可以远离或隔绝。事实上，若不去倾听内在的声音，正视心灵的匮乏；无论外境怎么改变，都无法让内心得到安适自在，林林总总的乱象也将永无止日，且会越演越烈！

佛教的人生哲理，可以有效地帮助我们改善这种现象，而这个哲理是释迦牟尼佛早在两千五百多年前就已体证到的，可说是全世界宇宙间最有智慧的一种哲学思想。可惜，能懂得用这套哲学来安身立命的人却是少数。因为它常被冠上“宗教”的大帽子，让不了解的人与它保持距离，乃至没有机会接触它。这现象是我深感遗憾，且发愿要尽我余生之力去改善的！

《十二堂欢喜自在的修心课》就是这种动机努力下的尝试！我希望将这套哲理用浅显易懂的文字，与生活化的例子来呈现，让读者明了，当把自己不符合实际的思考模式暂时放下，只要换个角度，用这套哲理去考虑与观察同一件事物，内心的焦虑与不安将迅速解除。其代价只不过是，自己“愿意试试看”的这个想头与之后的付诸行动！若其后能再持续给自己：三至六个月的时间去练习与内化，必能发挥效果在自心与自身中显现智慧花果喔！以下简介本书内文：

本书有两大部：第一部是“怎样改才欢喜？”第二部是“怎样做才欢喜？”

“怎样改才欢喜？”想呈现的概念是：改能让我们不断地进步、能改才是幸福的！就像发明电灯的爱迪生为了寻找灯丝材料，做了一千六百多次的耐热材料实验，改到最后用“钨丝”终于实验成功，让人类生活从此有电灯可照明！同理，我们内在的概念与想法，如果是错误的，更需要修改，如此当不断地自我突破与提升后，才会有能力帮助自己与服务他人！

“怎样改才欢喜？”共有六篇文章：

一、你断“器三过”了吗？

人生是一个学习的历程，本文帮助读者掌握有效学习的基本态度与方法；用聆听断除“器覆”；用思考断除“器染”；用反复忆持断除“器漏”。让“活到老、学到老”能转化为自己带得走的无形财富！

二、骄慢如虎口，何必往那走

学佛者有一句座右铭：“我慢高山法水不入。”即便是未学佛者，也可在自身众多失败经验中，找到“骄慢心”这个幕后藏镜人。它的“自以为是”让我们总在误判情势，下错决定后懊悔。本文能引导读者练习从看清事实真相中破解“骄慢心”！

三、点一客白吃的午餐？天价！

取巧的因，结不出实在的果；用不劳而获的心态做事情，损失最大的还是自己！万丈高楼皆平地起，本文引导读者用脚踏实地的态度，一砖一瓦老实地构筑自己的人生梦想！

四、别在“业力森林”中团团转

“种瓜得瓜；种豆得豆”是宇宙间不变的真理！若懂得取善舍恶、改往修来，人人都可成为好园丁！本文引导读者善用因果法则，每个当下种善的种子、造作善的因缘，以期日后能有善的果实，这才是改变命运最根本的方法！

五、内建史上最强大的收发讯器——心

心好比收发讯器，可以接收或发送任何好的或坏的讯息！本文引导读者剖析过往“近朱者赤，近墨者黑”的经验，以及练习培养心的正知觉照，让心有防护作用，懂得分辨取舍、截断恶念，只收发良善讯息！

六、珍惜人身，把握人生

人身难得，其几率犹如一只盲龟，在探出海面时正好将头伸入浮木的孔洞中，如此地稀有难得！本文将引导读者善用暇身，珍惜自己有限的生命，时时反思：“我是为何而作?”转向“利他”的人身投资，方能为此生以及未来生获得最大利益！

“怎样做才欢喜?”想呈现的概念是：当内心充满感恩的暖意，此时去做的任何一件事，如同报恩，能生起很大的欢喜心！若能以此欢喜心去付出，就等同拥有无限财富！已故的苹果计算机公司董事长乔布斯就是这样的人。他的报恩对象就是消费者，为了让消费者有好用的 3C 产品，他全然以顾客导向来设计，如此创意不断，最后研发出轻薄易携带又价格合理的产品！物质成就尚且如此，心灵成长更需要用感恩、利他的心来付出，如此便能坚稳地迎向人生中所有的挑战！

“怎样做才欢喜？”也有六篇文章：

一、生命中必要的“孝素”

物质导向的价值观，会让我们误以为只要让父母衣食无缺就是孝养了；但老病死衰等现实所受到心灵上的苦，却是父母最大的折磨！本文引导读者学习以正法法水灌溉父母恩德田，帮助父母安顿内心，让父母得到平静与至乐，这才是积极的孝行！

二、拜托！别再乱了！

现代人在面对各种境界时，因内心的不安住，经常手忙脚乱、横冲直撞地误事；本文引导读者观察思维、检查自心，让心渐能摆脱散乱，安住于当下。让生活因当下圆满的好习惯，而重获安宁自在！

三、财富应援团

钱财本是身外之物，如同建筑在沙滩上的沙堡，随时会被海浪冲刷毁坏。但不明此理者，在盲目地追求或累积财富的过程中，却连怨结仇，身心疲惫，失去人性的尊严与意义。本文引导读者建立正确的财富观，懂得幸福在于知足惜福、难舍能舍。若能将生存目标锁定在使他人也能拥有这种幸福，就会成为一位心灵富有的巨人了！

四、生命就该浪费在忙乱的事务上？

当我们自觉忙碌时，可能会婉拒许多自我成长的机会，但忙碌有可能只是借口。本文引导读者将心安住在每一个当下，试着去调整自己的优先级、时间运用乃至人生目标。由此将有效地改善忙茫盲的生活！

五、揭开人间的幻术——无常

过去心不可得、现在心不可得、未来心不可得，人生苦短又无常！但世人对无常却视若无睹，甚或不敢面对。本文引导读者以积极正向的心态去面对无常，把握每一个活着的时刻储存无形的财富与能量，在这一世离开自己如破瓦屋的人身时，有能力在下一世换一间高楼大厦！

六、另类可乐——离苦

若对快乐的定义不明白，即便终其一生不断追寻，到手的只是如彩虹般短暂的快乐！本文引导读者去调整人生方向，懂得去做会让自己现在、未来都能得乐的事，即便是现在做得很辛苦，但未来可得乐的事也愿意咬牙去做！如此才能让此生的辛苦与忙碌有意义、有价值！

最后我要感恩众多人的协助，期望凡是阅读到

《十二堂欢喜自在的修心课》的读者，皆能得到佛陀良善的启发；愿意在内心改变错误的概念与习惯，并放进更多人来关怀与怜惜，共同来建构一个观功念恩、知足惜福、互助互信的社会网！

法相山 釋慧智 合十

目　录

第一部　怎样改才欢喜?

一、你断「器三过」了吗？

聆听、思考、忆持，断除「器覆」、「器染」、「器漏」

距今约两千五百多年前，印度舍卫城住着一对兄弟。大哥摩诃盘特记忆力特别好，年轻时就被传颂为优秀的学者；可是他的弟弟周利盘特记忆力却特别差，做什么都失败，成为人们的笑柄。那时佛陀来到附近的祇园精舍，兄弟俩便一起皈依在世尊门下。出家后，周利盘特由于忘失严重，连最基本的戒律都背不起来，僧众担心世尊的名誉受损，于是将他赶出僧团。伤心的周利盘特无处可去，独自来到树下嚎啕大哭。这时慈悲的佛陀出现，给予温暖关怀。周利盘特问佛陀："像我这样的傻瓜，也能成为世尊您的弟子吗?"世尊说："发觉自己是傻瓜的人，就已经不是傻瓜了。"后来世尊交给周利盘特一支扫把，并教导他边扫边念"扫尘除垢"。周利盘特谨守世尊的教诲，老实地打扫，口中不断念诵"扫尘除垢"，终于从谨守世尊的教诲中，体悟到原来世尊真正要他扫除的是内心的尘、内心的垢。

如果我们的心像一只盛水器，人类共通的问题，莫不是因为心的盛水器经常犯了三种过错——器覆、器染、器漏。所谓器覆，即是一只倒扣的器皿，如果不将其翻正，这只器皿将无法盛水；所谓器染，即是一只受到污染的器皿，譬如沾染了黑色墨水的水晶钵，即使在其中注入洁净的水，也将被染黑；所谓器漏，即是有了漏洞或破损的容器，其中所盛的水将循着漏洞泄漏而出，乃至一滴也不剩。这“器三过”无所不在，会让我们在生活中窘态百出；人在一生中所犯的过错，莫不来自于器三过，称它们为万过之源实不为过。

所以，佛陀在说法前总会谆谆告诫：“善男子善女人，谛听谛听，善思、念之。”

“谛听”：专注聆听。

“善思”：正向思维。

“念之”：时时忆持。

周利盘特尊者专注于世尊的教诲——断除器覆。

放下自认为傻瓜而自暴自弃的负面想法——断除器染。

不断忆持世尊的教诲，努力做与改——断除器漏。

从断除三过中而得成就。

闻：万过之源——器覆、器染、器漏

某个周六午后，觉明如同往常一般在计算机屏幕上与游戏中的怪物厮杀，正杀得难分难解，忽然听到母亲的呼唤声。值此生死存亡之际，他一旦离开计算机便可能被怪物击毙，于是随意应了母亲一声："等一下。"便继续埋头打怪。过不久母亲的呼声再起，他不耐烦地回应："干嘛啦？等一下嘛！"母亲无法再等下去，便走到他跟前，交代他："我有事必须出门去，待会垃圾车来了，帮忙倒一下垃圾。我已经打包好放在厨房里了喔！"他头也不抬，不耐烦地说："好啦好啦！"于是母亲便出门去了。母亲晚上回到家，看见垃圾仍然原封不动摆在厨房地板上，气得质问觉明："不是叫你倒垃圾吗？为什么你没倒？"觉明说："你哪有叫我倒垃圾？"

"有啊！我出门前交代你说，我已经打包好放在厨房里……"

"哪有？你哪有讲！"

于是，一场亲子间的纷争就这么上演了……

●

志祥的父亲是一个大男人主义者，在家中扮演着权威者的角色，凡是父亲所在的场合，包含母亲和他们三兄妹总是噤若寒蝉，因为只要他们当中有人说了一句令父亲觉得不中意的话，父亲要不眼中射出凌厉慑人的目光牢牢地瞪着人瞧，要不就破口大骂或嗤之以鼻。为了避免挨骂，他们学会了沉默。从小他便不断告诉自己，长大之后绝对不要成为像父亲这样的男人。

及至他成为了人夫之后，每当妻子与他有意见不同之处，想与他进行沟通或反驳他的看法时，他总会说：“你怎么那么爱强辩？明明你的想法就是错的，可是你就是非要辩到赢不可。”不论妻子说什么或以什么方式说话，他就是无法接受，也没有真正静下心来聆听，导致夫妻关系紧张，几乎已到了无法收拾的地步。

志祥认为自己是一个十分民主的丈夫，因为他不仅并未扼杀妻子的发言权，妻子甚至可以在他面前自由地陈述意见；他认为自己是个十分称职的完美丈夫，因为他从来不曾以言语暴力来对待妻子；他从小养成了沉默的习惯，即使与人意见不同，通常会隐忍不发，因此他根本不懂妻子为何老是要强辩或者和他唱反调。仔细观察，志祥其实正在复制父亲的“风格”而不自知，虽然他的外显行为和父亲并不相同，但骨子里其实和父亲一样是个大男人主义者。

●

大家都笑晴芬是小迷糊、傻大姐，她觉得这外号也挺可爱，总是不以为意。譬如：家里一堆账单该缴费了，就算先生提醒很多次，当下她也都说好，但是一转身就忘了，所以一天拖过一天，拖到被罚钱了还没去缴款。而她也老是一句："对喔，我忘了！"轻轻带过，让先生无可奈何。

有一次，全家准备了许久要出国旅游。出发前旅行社打电话再三提醒要带妥全家人的护照，但是到了机场准备要出关时，背包都翻遍了，晴芬才抓抓头说："啊！我真的忘了带，护照还留在家里！"全家人因此必须脱团搭下一班飞机，不但破坏了出游兴致，还让旅行社平添了许多作业上的困扰。

思：觉明、志祥、晴芬三人，何者为器覆、器染、器漏？

首先，请你针对以上三个例子，判断以下器三过的叙述是否正确？

正确请画○，错误请画 ×。

1. （　）母亲交代觉明事情时，觉明只顾玩计算机游戏；这是属于器覆？
2. （　）觉明回答："好啦好啦！"其实根本没听见母亲说什么；这是属于器染？
3. （　）当妻子和志祥想法不同时，志祥都认为妻子是错的；这是属于器染？

4.（　）只要妻子想与志祥沟通，志祥就说妻子强辩；这是属于器漏？

5.（　）先生叮咛晴芬去缴费，但晴芬总是忘了；这是属于器漏？

6.（　）旅行社提醒晴芬带护照，但她直到要出关了才发现没有带；这是属于器覆？

以觉明而言，所犯的是器覆的毛病。当母亲在呼唤他时，他并未来到母亲跟前聆听母亲所交代的事务，而是只顾着玩计算机游戏，以至于听而未闻。他的听觉虽然是开放的，但心识却是封闭的，根本没听见母亲到底说了些什么，甚至以为母亲根本没说。他当时的状态无异于一只倒扣的容器，虽具有容器的形体，却不具备盛装物品的功能。

至于志祥，则是器染。由于自小生活在父亲的威权之下，无意中濡染了父亲唯我独尊的个性而不自知。当他总是以“只有我是对的”“凡事必须依照我的意思”的定见来看待别人时，即使他看似心胸开阔地“聆听”妻子的话语与见解，但不论妻子说了什么或做了什么，只要和他的想法或做法不同，他便认为妻子是错的。此外，他习惯在与他人意见不同时保持沉默，因此对于妻子动辄找他“沟通”一事总感到十分困扰，殊不知“沟通”乃维持良好关系的重要工具。他的心识犹如一只受到污染的水晶钵，所有见解不论对错，一旦进了这个钵，自然都变成“错的”。在这个例子当中，志祥的“定见”和“习性”便是心识的污染源，由于心识受到了污染，即便妻子讲得再有道理，他也无法辨识了。

晴芬所犯的则是器漏的毛病。虽然她听了先生的交代，却没有放在心上；虽然旅行社提醒她要带护照，当下她也答应，但转个身就忘了，出门当天带了大包小包，偏偏没带到护照。晴芬不论听进了什么，总是左耳进、右耳出，就像一只开口朝上的干净杯子，虽然可以倒入清水，却因为杯底有漏缝而终究留不住水。

现在，请静下心来想想，你的人生曾经犯过器覆、器染、器漏的过错吗？请检查一下自己过往的言行，若有下述过失请打√。

1. □昨天熬夜，今天上课补眠，老师说的全没听见。（器覆）
2. □随时戴着耳机，没在听别人讲些什么。（器覆）
3. □觉得爸爸妈妈很啰唆，不想听他们讲话。（器染）

4. □固执己见，不照老板说的去做。（器染）
5. □上课不记笔记，课后忘光光。（器漏）
6. □老板交代要办的事，回到自己的座位就想不起来了。（器漏）

仔细想一想，除此之外，还有哪些过失是自己还没有觉察到的呢？

如果你曾经在老师上课时偷听 MP3、偷看小说或偷偷滑手机；如果你曾经在开会时埋首涂鸦或跟旁人交谈；如果你曾经一边接听电话一边浏览网页，那么，你可能正在犯着器覆的过错。否则，你何以会听而未闻、视而未见呢？

如果你曾经觉得父母的谆谆告诫令你厌烦；如果你曾经觉得主管昏庸无能、一无是处；如果你曾经觉得别人都是笨蛋，只有自己最聪明；如果在一场头脑风暴会议中，你觉得别人的点子都不如你好，可是偏偏没人投你一票，因而大叹有志难伸；如果你觉得自己老是被误解，仿佛全世界的人都不了解你，颇有遗世独立之感；如果你曾经和朋友为了一个不同的观念而辩得面红耳赤、互不相让；如果你曾经将别人精心绘制的画作批评得一文不值……。那么，你很可能正是犯了器染的毛病。

如果你经常忘东忘西；如果你总是不记得自己或别人所讲过的话或做过的事；如果教授交代的实验步骤，你老是记不清楚；如果你曾经问路后还走错路……。很可能你正是犯了器漏的毛病，否则何以经常出错或健忘呢？

修：缘己、利他的思辨与修正

每个心智正常的人都具备看见及修正自己错误的能力，若非如此，为什么我们有时候看到别人的所作所为时会感到不顺眼？更甚者还在背后批评两句，有时甚至私底下对别人说："换成我，我一定会如何如何，我才不会犯下像他那样的错误！"如果我们有能力检视别人的错误，就必然有能力检视自己的错误。我们所需要做的，就只是把检查别人的能量收回来，用在自我检查上；把过去那个总是"向外看"的眼光收回来，向内看看自己。

为什么要断器三过？因为它充斥在这个世间随时进行破坏，但我们往往小看了它的伤害性，现在我们来看一个因为器三过而导致的重大空难事件：

几年前，波兰前总统卡钦斯基乘坐的专机在俄罗斯坠毁，机上九十七人全数罹难，其中包含波兰总统夫妇等八十八名政要及社会精英。是什么原因造成这场震惊全球的悲剧？首先，那么多国家政要搭乘同一架飞机，本身就是高风险的错误决策；其次飞机降落时气候恶劣，大雾弥漫，塔台虽曾多次警告驾驶员这个军用机场缺乏必要的导航设备，无法在大雾中指挥飞机降落，建议转降其他机场，但当事者没有听从塔台建议，三次试图降落都没有成功，却仍执意按照自己的意思强行降落。最后在第四次降落时，发生令人遗憾的空难事件。

从中可以看到器三过真的不容轻忽，否则会伤己伤他伤无数。当日尽管天气恶劣，塔台已建议转降其他机场，但是“器染”使当事者失去判断的理智，完全不理会他人的提醒，这个“我是殊胜我第一”、执意降落的代价实在太大，令社会国家在一夕之间失去这么多精英。既然器三过无所不在、随时进行破坏，因此认识器三过并学习对治的方法很重要。我们必须通过正确听闻专注聆听、令心缘念，如此才能对治器覆；而对治器染，就是要善加思维；对治器漏，就是要牢记。这样就可以化解无数的灾难！

之所以会犯器三过，往往出发点都是“缘己”，结果伤己伤他；但是如果我们能够转而以“利他”的观点来省思，就能体会断器三过的好处，进而生起修正的动力。以下让我们以“缘己”和“利他”两种观点来审视本文中的三个例子：

觉之而后明之

觉明之所以会犯“器覆”，他可能是这么想：

× **缘己**：★明明只要再半个小时就能打完这一局，妈妈为什么不能体谅我？我平日读书那么辛苦，不过利用假日打个游戏放松一下，也要被叫来叫去，倒垃圾又不是什么要紧的事情，就不能等我打完后再说吗？

★就只不过是倒垃圾这么一件小事，妈妈就不能自己做吗？为什么什么事都要叫我做？就算我真的没听清楚她的话，忘了倒垃圾，那也不是什么大不了的过错，改天再倒不行吗？有必要那么生气吗？

其实觉明可以这么想：

○ **利他**：★妈妈平常上班很辛苦，除了赚钱外，还要包办家里所有大小事，因为事情太多，性子不免有些急。因此当妈妈叫我时，不论我在做什么，都应该立刻放下手上正在做的事，响应妈妈的呼唤，并仔细聆听妈妈说话。况且妈妈掌管整个家庭的事务，无论怎么说，她急着要去办的事情一定比我个人的事情来得重要，配合妈妈本来就是我应该做的。

★垃圾不倒会发臭，尤其夏天时还会孳生果蝇、漫天飞舞，影响环境卫生；游戏不打不会长虫，而且反正计算机游戏是个虚拟世界，角色的死活都是假的，就算因为暂停游戏而导致里头的角色死亡，只要再重新开始就好了，没什么大不了的。在真实人生与游戏之间，还是应该以人生该办的事为优先，我应该先做好人生应尽的义务后再来游戏、消遣，才不会本末倒置。

给“觉明们”的忠告与建议：

不论身处家庭、学校、职场或社交场合当中，在面对每个情境与每个人时，都必须专注于当下，拿出玩计算机游戏或品尝美食的专注态度，尊重地注视他人、聆听他人，专注于自己当下在做的每一件事——吃饭的时候吃饭，办公的时候办公，扫地的时候扫地，开会的时候开会……。别在吃饭时想着公事，别在喝茶时咒骂得罪你的人，也别在扫地时想着晚上约会时该穿什么衣服，更别在上课或开会时接听电话。在全然地专注当中，你将产生清明的觉性，进而在每时每刻知道自己该做什么或不该做什么，你将体会到一种简单的美好与心安。

放下自我，以开放的心聆听他人的声音

志祥之所以会“器染”，他可能是这么想：

× 缘己：★我每天下班之后总是感到身心俱疲，回到家不过想好好休息、图个清静，我老婆却老是在我耳边絮絮叨叨，光讲些鸡毛蒜皮的小事，女人家没什么见识，讲出来的话也没什么建设性，她就不能安静一下，让我好好放松休息吗？况且夫妻相处那么久，有什么事情过不去的，她为什么不能多体谅我一些，闭嘴别再多话呢？

★明明她就是错的，却偏偏老是要强辩，而且还非要辩到赢为止，我不听她说都不行。我老是告诉她不要执着于自己的想法，不要老以为自己是对的，偏偏怎么讲她都听不进去，还指控我太固执。固执的明明是她，紧

紧拥抱住自己的主观，非要我顺从她不可，一再践踏我男性的尊严。一个家只能由一个人作主，她难道就不能听我的吗？

其实志祥可以这么想：

○ **利他：**★虽然我很累，但老婆比我还累，同样上了一天班，回到家她还得忙做家事、带孩子，偶尔唠叨两句也是无可厚非。她为了这个家，放弃了婚前逛街、看电影的嗜好，反倒我偶尔还可以和朋友交际应酬一番。说来说去我是既得利益者，也难怪她要唠叨了。以后我应该多体贴她一些，学着做一些家事，帮她分担一些压力，如此一来她就不会再叨念我了，这岂不是一举两得的事吗？

★虽然老婆和我常常意见相左，但我应该尊重她的感受与想法，毕竟我不是她，不能感同身受，所以我不应该否定她的想法与感受。虽然当她在讲述她的想法时，我经常觉得很烦，但当我否定或拒绝采纳她的意见时，难道她不觉得烦吗？换成我来扮演她的角色，碰到这些事情时，我难道不会有抱怨吗？我想我应该试着放下自己的主观，试着从她的处境、立场和眼光来看待事情，多一点同理心，我们之间的冲突也就不会这么多了。

给“志祥们”的忠告与建议：

我们之所以存在，是为了学习——在各种冲突、挫折、歧见当中琢磨出更圆融的处世态度与处事方式。没有人是完美的，也没有人的想法是绝对正确的。这世间的境界本无好坏，有的只是立场的不同。试着想想：当我们认为某人固执的时候，其实所反映出来的是自己的固执，如果我们不死守着自己的观点，坚持自己是对的，又怎会认为别人固执呢？

我们应时时刻刻检查自己，当我们对他人产生一些负面评价时，其实正是在评价着自己所不愿意承认的那个“隐藏的自己”。如果你不相信这种说法，不妨问问自己，当你在背后批评某人嫉妒心很重的时候，你是如何知道对方的行为即是嫉妒的表现？那是否表示当你有这样的行为时即代表你正在嫉妒，于是你便以这样的观点来解读他人的行为？就好比你从来没去过威尼斯，也从未看过任何有关威尼斯的影片或图片，当别人出示一张威尼斯的风景照时，你如何认出那就是威尼斯呢？答案不言而喻。

时时忆持，念念分明

晴芬之所以会“器漏”，她可能是这么想：

× **缘己：** ★我又不是故意忘记的，我本来就记性不好啊，就算忘了也没有什么大不了，再补就好了。何必大惊小怪！

★家里大大小小的事都要张罗，忘记是难免的；什么都要我一个人记，出了问题全怪我，这很不公平。

其实晴芬可以这么想：

○ **利他：** ★虽然我不是故意的，但因为我的疏失而造成他人的困扰是事实，看到家人总要为我收拾善后，我应该感到很不好意思，也难怪先生会责怪我。

★我应该记取教训，努力找到一些可以让我更专心、更不健忘的方法。

例如：随手记事，并且常常拿出来看。

给“晴芬们”的忠告与建议：

一个容易忘失的人，走到哪里都会带给别人麻烦、增加他人负担，而成为不被信任、不受欢迎的人。所以既然容易忘失，就应该随身携带笔与笔记本，不怕麻烦地随时记录各项待办事项，并时时拿出来检查，逐一确认完成。如此头脑也会越来越清楚，对自己也会越来越有信心。只要自我要求，就能办到，何乐而不为？

器三过充斥在这世间，随时进行破坏，小至造成生活中人我互动的不和谐、影响学习能力与成效，大至重大伤亡事件，溯其源头莫不来自于器三过，因此要“断”器三过，让心成为优质的器皿，缔造美好的人生！

慈智法师法语

“检查自心”是确保安乐之工具。

在《景德传灯录》中，佛陀曾经赞叹阿难尊者“受持法藏如水传器”，意思是说阿难尊者之所以博学多闻，记忆力极佳，智慧通达无碍，是因为受持佛陀所说法，心绪犹如是一只完美的盛水容器般，所以能承接法水，滴水不漏。这对我们有何启示？阿难尊者之所以能如此聪明利达、明心见性，皆来自融入经上说：“善男子善女人，谛听谛听，善思、念之。”唯有时时检查自心，断除器覆、器染、器漏此三种过失，方能得安乐啊！

二、骄慢如虎口，何必往那走

我慢高山法水不入

《贤愚因缘经》中有一则除粪人尼提的故事，大意是说，在迦叶佛灭度之后，僧团中有十万名僧人，当中有一位担任执事（即管理职）的僧人，因为身体有恙，经常腹泻。他仗恃着自己的权势，总是不去茅房如厕，而是随意将屎尿排泄于金银制的珍贵器皿中，并要其中的一位弟子端出去倒掉。但他有所不知的是，他所指使的这位弟子其实是已证得果位的圣者。

就因为他骄傲自大，不懂得谦逊之道，仗恃着自己有许多权势，只要身体有些微不舒服，便放任自己骄慢的习气，不起身如厕，再加上不认识贵人又驱使圣人为他倾倒秽物，因此使他在接下来五百世的生死流转之中都出生为卑贱之人，只能从事为人除粪的工作以养活自己，这个人便是尼提。

有一天，佛陀观知度化尼提的因缘已经成熟，便带着阿难进城去找尼提，想要度化他。这时尼提刚好拎着一只盛满秽物的瓦罐要出城去倾倒，远远见到了佛陀，自惭形秽，为了避免正面相遇，便绕道而行。谁知走着走着，又看见了佛陀，尼提正想再次绕道时，一慌张撞到了墙壁，打破了瓦罐，泼得一身都是屎尿。他深感羞惭，低着头，不敢正眼看佛陀。这时佛陀走到他面前，问他：“你想出家吗？”尼提说：“您是尊贵的种姓，即使身边的随众也都是贵族，以我这样一个低贱之人，怎么可以跟他们一起出家呢？”于是佛陀为他宣说了众生平等的道理，使他生起出家修行的信心，发心跟随佛陀，最终证得阿罗汉果位。

佛陀在这则故事中揭示了骄慢所可能产生的后果，并且不因尼提的鄙俗而轻视他，甚至主动接引、度化他，以实际行动演示了众生平等的道理。可见，职业无分贵贱，任何人都不应以身份的高低或财富、学识的多寡而轻视他人。

尼提的故事只是众多骄慢行为当中的一类，事实上骄慢无所不在，总是如影随形地隐藏在难以察觉的细微之处，需要我们时时自我观照。

诚如佛说：人不因出身而尊贵　不因出身而卑贱
而是因行为而尊贵　因行为劣而卑贱

正所谓“满招损”，能舍弃自以为是、自以为大的骄慢心，
就能享有“谦受益”的安心、平静，知足常乐之乐果了！

闻：如光照影，无所遁形

君伟在即将升上高三的那年暑假，为了考上理想的科技大学，主动要求爸妈让他补习。为了圆满他的心愿，爸妈付出超过七万元的代价，为他找了一所风评不错的补习班。多亏君伟争气，果然成绩大有进步，从原本的三十几名进步到班上的六七名，让爸妈大感欣慰。

成绩进步之后的君伟生起了骄慢心，认为自己的成绩既然已经够好，而每晚的补习课程又让他深感疲累，干脆不写作业也不交作业，把因此省下来的时间用来全力冲刺“科技大学自主招生考试”。他认为，自己纵使因为没交作业被老师扣分，也不至于不及格。他心中所打的如意算盘是：学校成绩只要应付过关就好，能考上理想的科技大学才是王道。

高三上学期结束，爸妈接到一纸学校所寄来的成绩单，发现君伟的成绩当中竟然有五科不及格，震惊之余问他到底发生了什么事，他这才知道原来不交作业的结果竟会这么严重。高三下学期，君伟一方面得上学校的课程，一方面必须利用课后或假日补修上学期不及格的学分，一方面还得兼顾补习班的课业，一旦学校补修的课程与补习班重叠时，他还必须挤出时间到补习班补课，就更不用说即将来到的统一考试了，压力之大不在话下。总之，君伟的自以为是，不仅让自己更累，还让爸妈额外付出一笔补修的学分费，得不偿失！

●

宏恩从小便是个成绩优异的孩子，出了社会之后，虽然从事的是基层工作，但因为自小养成的优越感，使他总是瞧不起同事，和同事之间除了维持表面上的礼貌往来之外，并无太多友谊上的互动。面对主管所交代的工作，他也仅只是表面顺从，私底下却阳奉阴违，我行我素，依着自己的主见做事，完全不采纳主管所指导的方法与意见。久而久之，大家都对他敬而远之，主管也心知肚明，苦思着该如何处理这个棘手的问题。

有一天，宏恩在执行一项跨部门合作案时，因为并未遵守公司的标准作业流程，产生了重大疏失，再加上他并未尊重职业伦理，直接找上该合作部门的主管，意图私下解决他所造成的疏失，此举激怒了他的主管，于是痛下决心开除了他。宏恩虽深感后悔，却已于事无补。

●

安琪是个被父母捧在掌心中长大的女孩，在父母心中，她无异于公主，总是不吝于给她最好的物质条件、最多的赞美与最大的娇宠，使她养成了骄纵的习性，认为所有人都必须顺从于她，若稍有不从便大发雷霆。

安琪的公主习性在热恋时收敛许多。由于深爱男友，她对男友不仅言听计从，还经常嘘寒问暖，表现出极为温柔的一面。男友在她的温柔与深情攻势下，认定她是心目中理想的妻子，在短短不到三个月的交往之后，两人决定闪电结婚。

婚后，安琪渐渐显露出本性，不仅从不动手做家事，还经常对先生颐指气使，更甚者，她不愿意从事任何工作，却每天逛街、购物、喝下午茶，造成先生沉重的经济负担。先生多次与她沟通，她却大哭大闹，认为先生不爱她。才短短半年，她先生便再也受不了，对她提出离婚的要求，瞬间，安琪从云端跌落人间，遭遇了人生第一次的重大挫败。

思：你是君伟、宏恩或安琪吗？

现在请你针对以上三个例子，判断他们的思考理路：若是没有骄慢心态者请画○，若是出现骄慢的错误心态请画 ×。

1.（　　）君伟知道自己程度不好，对于考上理想大学没有把握，觉得需要加强，因此主动要求爸妈让他补习。

2.（　　）成绩进步之后的君伟不写学校的作业，因为认为自己的成绩已经足以应付过关，即使不交作业也不会不及格。

3.（　　）宏恩虽然做的是基层工作，却看不起其他同事，不与人真诚交往。

4.（　　）被开除之后的宏恩，看到自己我行我素、不尊重主管的过失，深感后悔；决定以后在工作上一定要遵守公司的标准作业流程。

5.（　　）安琪在热恋时，对男友言听计从，一切以男友的意见为主，完全以男友为考虑。

6.（　　）婚后的安琪对先生颐指气使，只要先生不顺她的意，她就大哭大闹。

君伟、宏恩或安琪的例子仅只是骄慢的三种面貌。事实上，大多数人心中都寄生着骄慢的病毒，并且在生活的惯性中将它喂养得越来越强壮，只是习焉不察，乃至于未能对治自己骄慢的习性。事实上，凡所有“自以为是”或“我以为”的心态，都是骄慢心的具体显现。

以君伟来说，虽然在补习后成绩大有进步，但他却未把持好学生的本分与分寸，做好老师所交代的作业，自以为只要考试成绩够好，老师便不会以不交作业这种小事来为难他。事实上，他忽略了包含小考、作业与学习态度等都是平时成绩的考核依据，且平时成绩占学期总成绩的百分之五十，期中与期末仅各占百分之二十五，因此，就算他期中与期末考的成绩够好，终究抵不过缺交作业和学习态度不佳所损失的分数。

宏恩虽然从小就很优秀，但毕竟缺乏社会经验与历练，可是他却毫无自知之明，总以为自己够聪明，目空一切；甚至在犯下错误时，还刻意避开自己的主管，越级找上其他合作部门主管。本来，他的主管认为他虽然心高气傲，但毕竟是个具有聪明才智的人，一再包容他，也一再给他机会，认为他的锐气将随着工作历练而消减。没想到他在犯了错之后竟仍然不知反省，也未试图找自己的主管讨论解决方案，而是直接找上对方的部门主管，试图私了。自以为如此便不会在自己的部门主管或同事面前丢脸，殊不知他这是丢脸丢到别人家去了，酿下了被开除的祸因。

安琪在热恋时期的温柔虽然并不一定是装出来的，但却是一种暂时的假象，随着两人相处时间越久，恋情降温之后，安琪终于逐渐显露出她骄纵的本性。本来，如果安琪够爱先生，愿意为他付出，也愿意全心全意地关心他、照顾他，或许将因此改掉原本的习性。可惜安琪爱自己更胜于先生，以为先生会像父母一样全然地包容她、无条件地爱她，于是便有恃无恐地“只要我喜欢，有什么不可以”。丝毫没有退让的余地，终于导致了婚姻的破灭。

骄慢如影随形地显现于生活中的许多细微处，以下问题，有助于你揪出心中那尚未现形的骄慢病毒，如果这些问题符合你的行为或思想特征，请打✓。

1. □在餐厅用餐或进入某家商店购物时，认为服务生或店员的服务周到是理所当然，不需要道谢。
2. □与人合作时经常想指导别人该怎么做，或者很多时候宁可独立完成，避免与人合作，以免成果不如自己的预期。
3. □开会时经常觉得别人所说的话漫无重点，为了避免浪费时间，干脆带些简单的工作或文件进会议室处理。
4. □当有人来向你请教问题时，你总是感到不耐烦，觉得这么简单的问题为什么需要问。

5. □使用一台新的电器时，你觉得这类电器产品以前曾使用过，不需要先读说明书。
6. □当父母、老师或主管针对你的某一项作为提出意见时，你总是认为他们的思想过时或不够了解状况，因此不值得采纳。
7. □检视工作计划时，你常常觉得这些细节没有很困难，一下就可以搞定，不会花很多时间。
8. □开车行经十字路口时，若遇上黄灯，你总认为还来得及通过，往往会踩油门冲过去。
9. □写完考试卷或完成一份计划时，觉得有八九成把握，不需要再检查了。
10. □对于他人所交代的事，总认为自己记得住，不必浪费时间写下笔记备忘。

修：缘己、利他的思辨与修正

事实上，一个人之所以广受欢迎、受到赞美或担当某项重要职务，必然有其道理。这个世界并非仅凭一个人的看法而存在，当你对外界的一切事务经常感到不耐烦不以为然或不屑一顾时，正是因为心中的骄慢病毒作祟。这时，唯有时时谦虚自省；学着欣赏他人的优点，才能将心中的病毒除去。

为什么要摒除“骄慢心”？若骄慢心的病毒不去除，它随时会败害我们的身心，甚至带来无穷的痛苦。

几年前台湾媒体曾经报道过一起令人遗憾的事件，一位就读某知名高中的蔡姓学生，从月台上跳轨冲撞疾驶而来的火车，当场死亡。蔡姓学生的母亲是一名初中老师，他就读母亲所任教的初中时是学校的佼佼者，但是进入高中后却因成绩不尽理想而一直觉得压力很大，最后竟以如此激烈的方式毁灭自己的生命。另外，有一位就读某知名大学二年级张姓女学生，从学校十一楼跳楼自杀。这名女学生高中时就读资优班，成绩优秀，但是在进入大学后因课业压力太大而自杀。她在笔记本中提到：要比别人都好是一种坚持、骄傲，如果连骄傲都失去了，就什么也不是了！

造成这些憾事的幕后黑手到底是什么？原本该是绚丽的青春，竟硬生生地破碎瓦解、黯然陨落。其实“骄慢心”就是元凶。当一个人在顺境时，例如比赛获胜、金榜题名、功成名就或是身居高官要职时，很容易生起骄慢心，因自我膨胀而看不清事情的真实面貌。即便是一位世智聪辩者，也会因为骄慢心而变得狂妄自大、愚蠢无知，最终作出错误的抉择。所以当我们辛苦努力有所成就时，尤其要注意，勿让“骄慢心”滋长，就像在种蔬菜的同时一定要拔草一样，辛苦耕耘的成果才不会被慢心的杂草掩没。

那什么才是健康的学习心态呢？我们常说“学无止境”，人生是不断学习的历程，因此应该和自己比较：今天的我是否比昨天进步？今年的我是否比去年进步？跳升到另一个阶段、处于不同的团体中，即便排名看似相对下降，但是自己确实更加努力，这仍是一件值得肯定嘉许的事情啊！尽管一时之间遇到障碍，只要选择面对问题、突破困难，便可以让心智磨练得更加成熟。因此不应单以名次来评断自他的努力或成就，应以感恩心、利他心来看待：感恩有父母的照顾、有老师的教导、有同学的陪伴、有许多人的付出，才圆满具足自己学习的因缘；进而期许自己能以所学回馈社会，成为一个有能力爱他、利他的人。若能安立这样的学习动机与方向，必能去掉骄慢心、拥有自信心。这样就可以化解无数的灾难！

以下让我们以“缘己”和“利他”两种观点来审视本文中的三个例子：

人生中不想做却非做不可的事

君伟之所以不做作业，他可能是这么想：

× 缘己：★我每天晚上花好多时间补习，补习完回到家都快十点半了，还要上网去和朋友互动一下，假日也要用来补眠，哪有时间做作业啊？反正那些作业我都会做，平日的小考和大考成绩也还不错，就算因为不交作业让老师扣点分数，应该还不至于会当掉。我只要考好统考，上得了理想的科技大学就好，就算老师不高兴，也影响不了我的未来，我大可不必在意。

其实君伟可以这么想：

○ 利他：★补习是我主动要求的，就算累一点，只要再努力一年，辛苦一下也就过去了。虽然补习回到家已经很晚、很累了，老师交代的作业我都会做，多做一次对课业内容会更熟悉，而且老师们也是基于好意才会出那些作业，基于尊重老师的立场，我更应该好好将作业做完，才不会辜负老师的一番好意。既然身为学生，就应该将本分的事情做好，再累也得承担，毕竟这是我自己的选择。

给“君伟们”的忠告与建议：

当“龟兔赛跑”中的兔子生起想要先休息一下的念头时，心中一定以为：“我跑得比乌龟快太多了，即便睡个觉也绝对还来得及。”万万没想到一睡就误事！

当有这样“我以为”的心生起时，千万不要轻易相信，因为这极可能是高估自己能力或错看了当时的情势。

我们应学习乌龟的老实精神，按部就班、一步步往前爬，这样一定可以大幅降低自己的骄慢心。所谓“大智若愚”看似缓慢的老实者，因为根扎得深，可以稳稳地长成大树、结满丰硕的果实，这才是真正掌握学习之钥的大智者。

那些社会上永远学不完的事情

宏恩之所以目空一切，他可能是这么想：

× **缘己：**★主管的观念既陈腐又落伍，我们在学校所学的都是最新的观念，他的想法与做法并不比我高明，我又何必遵照他的方法去做事呢？我就是要依照我的方法去做，向他证明我的方法才是最好的。至于那些同事老是劝我不要这样做、不要那样做，我觉得他们根本就是嫉妒我的能力，想要阻止我，不让我有所表现，深怕有一天我的表现会超越他们。我如果听了他们的建议，不就正好落入他们的圈套里吗？我的人生，我自己作主，谁都别想障碍我！

其实宏恩可以这么想：

○ **利他：**★主管之所以能当上主管，必定有他高明之处，老板不是笨蛋，不可能毫无原因选他担任主管。虽然我目前还看不出他有何高明之处，但何不先照着他的方法试试看，说不定可以学到我之前所缺乏的经验，累积更多的做事技巧。至于那些同事们进入这个公司好多年了，个个都比我资深，他们之所以提醒我别去做某些事情，必定是因为曾经在那些细节上受挫，因此好意在事前提醒我。对于这些人这些事，我的了解都还不够深，不应该贸然下判断，认为他们刻意阻挡我。人生虽然要小心，但也应该心怀善意去看待他人，我不妨慢慢观察，虚心接受，多学些社会经验与做事方法，成为一个真正有能力的人！

给“宏恩们”的忠告与建议：

这个社会永远有我们学不完的事情，那可不比学校课程，学完了加法后学减法，学会减法后学乘法，学完乘法后学除法。人性没有规则可循，每当遇上一个新的工作团队、新的合作伙伴时，总有许多必须学习之处——从企业文化到工作伦理，从待人处事到沟通技巧，若能去除骄慢之心，虚怀若谷，才能看透人生的真相。当我们以骄慢之心鄙视周遭的一切时，就如一个刚学会除法的小孩，在一个数学教授面前展示自己的能力一般。你永远不知身边的人是如何深藏不露，千万别小看了身边的每一个人，免得闹了笑话而不自知。

别成为吞噬一切的黑洞！

安琪之所以在婚后显露出骄纵的本性，她可能是这么想：

× 缘己：★既然他爱我，就应该要接受我所有的一切，不该让我吃苦。出嫁前，爸妈从不要求我出外工作，我从来也不愁吃穿，既然他娶了我，就该养我，丈夫养妻子不是天经地义的事情吗？再说，为了那每月两万多元的薪水，我必须每天耗费八个小时在工作上，简直是一件不可思议的事情，为什么人要被那么一点薪水给绑住呢？至于家事，也不过就是洗几个碗、几件衣服、扫扫地这么些小事，做起来也不花太多时间和体力，他是男人，比我身强体壮，本来就该多做一些嘛！如果他不愿意，那就代表他不够爱我……。

其实安琪可以这么想：

○ **利他：**★爱是一种相互的付出，既然我们共组了家庭，便要共同分担这个家庭的所有开销与家事。虽然我很懒，爸妈过去也从来不要求我出外做事赚钱，但毕竟我的身份已经从“爸妈的女儿”变成“先生的妻子”，就应该做些合于这个身份的事情。所以，我该试着出去找工作，也该学着做做家事，虽然那些都是我不擅长的事情；但只要开始做了之后，相信未来就慢慢会做了。爱是长长久久的事情，先生是个值得珍惜的人，如果我只贪图眼前的享受，万一有一天先生受不了我了，可能将会毁去这一段难得的姻缘？为了让爱能长久维系，我还是做个不吝于付出与分享的好妻子吧！

给“安琪们”的忠告与建议：

在成立自己的家庭之前，大多数人都曾经是父母羽翼之下所呵护的宝贝，没有谁比谁娇贵，即使是一个无父无母的孤儿，也拥有广阔宇宙所给予的公平的爱。不论在爱情或婚姻当中，任何一方的自私或骄慢都可能会使爱倾斜、翻覆。无尽的索求犹如宇宙黑洞，它会吞噬所有物质，包含光明与爱，最终将会导致人生塌陷，落得一无所有的下场。爱是付出，而非索求，如果你们之间真的有爱存在，骄慢将无立锥之地，如果你的心中仍存有一丝骄慢与自私，那便不是纯粹的真爱。

骄慢不论表现在人生中的任何一个面相，都是具有极大杀伤力的杀手，它会抹杀亲情、爱情、友情，也会吞噬家庭、事业、成就。请你成为骄慢的照妖镜，让你心中的骄慢现形，进而揪出它；别让它再寄居在你这难得的人身当中，成为你人生的绊脚石。

慈智法师法语

慢心太大如杂草蔓延　把蔬菜养分全部吸掉
原本功德由小洞漏光　骄慢之心不可增长啊

经上说：我慢高山法水不入。佛陀在调教弟子目犍罗什的“慢心”杂草时，要求他向身为理发师的优波离行礼；这时正被慢心障蔽心眼的目犍罗什，无法受教而痛苦不堪，当下被佛陀指出：不肯屈膝行礼，其实正受到骄慢心的折磨，宛如奴隶。目犍罗什于是恍然大悟，羞惭地向优波离屈膝行礼，展现出高贵的行为。

这正是：人因为不做不改的行为而卑贱，因为有做有改的行为而尊贵。

三、点一客白吃的午餐？天价！

取巧的因，结不出实在的果

佛陀曾经讲过一则实修的公案：有两位修行者，某甲讲空性、某乙修空性。他们两个人有一天不约而同走到一条河边，正是大河涨潮时，修空性的乙随遇而安就地打起坐来开始修无我，讲空性的甲就问乙是怎么修的？乙便对甲说明自己的修持方法，甲听完后觉得乙的方法大致上都蛮正确的，只是有些部分不得要领。于是讲空性的甲就跟修空性的乙东指点一下、西指点一下，修空性的乙马上依这样的圣言起修而入根本定，进而现证空性；然后立刻显现神变跳越这条生死大河，到河的那一头，渡彼岸、证涅槃了。还留在此岸讲空性的甲看得好心慌，急急忙忙把修空性的乙叫回来，问乙说："你到底有什么功德、什么本领？你是怎么渡越这个河岸的呢？"乙说："我就是依据你所说的空理而修，因而证得空性啊！"甲说："奇怪？我也是都在修，那我怎么修不得？"乙回答："因为你只顾着讲，没有修啊！"

故事非常明白地告诉了我们，光说不练是不可能有所成就的。仅凭脑袋空想或嘴上说得天花乱坠，所建构的也只是空中楼阁，并非实际的成就，迟早会幻灭。"上上学，下下做"，万丈高楼平地起，即便是一百层的高楼，也要从一块砖、一片瓦、一包水泥，一步步用心建成，不可能速成。就像甲没有经由实际修持点滴累积实力，即便道理说得再好，终究是没有用的。

老实修是最地道快速方便的法门
不老实则到头来还是得重新来过

投机取巧的因，绝对不会产生实实在在的果。

我们想要的一切成就与安乐，都是从每个当下细微处，老实做与改而来。

闻：堕落一念间

台生是一名高三学生，上有两位念名校的姊姊及哥哥，面对优秀的兄姊，他那只喜欢热门音乐的特质在家里显得格格不入，而始终只能达到及格边缘的成绩更使他的青春显得黯淡无光。可惜他并没有因此奋发图强或试图与父母沟通，将自己真正的想法与兴趣告诉父母，反而留连于网络世界——意图通过网络、计算机游戏与网友的虚幻友谊，获取一点点安慰与同情。

眼见着高考一天天逼近，他的成绩毫无起色，妈妈着急得一天到晚催促他念书；爸爸一见他就斥责，怪他为何不能像兄姊一般好好努力。他的心情越来越焦虑，也更无法专心于学业，忍不住在社群网站上抒发心情，抱怨升学压力简直如泰山压顶，就快将他给压垮了。有一天，一位网友告诉他，可以帮他顺利考取名校。涉世未深的台生不疑有他，瞒着父母，将自己从小到大所存下来、为数可观的零用钱提取一空，交给网友，取得一套精密的作弊设备。

高考第一天，他携带着精密的作弊器材进入考场应试。虽然他成绩不好，却并不擅长说谎使坏，不免显得神色慌张。监考人员一看便觉有异，当场查获他作弊的事实，将他逐出考场。他不仅因此失去考试资格，更得面对家人对他的失望及朋友的异样眼光，后悔莫及。

●

耀升从小便有点小聪明，他总是能够在最短的时间内，通过最取巧的方法，完成爸妈或老师所交代的任务或功课。在念大学和研究所阶段，每当学校要交报告或论文时，他便仗着自己优异的外语能力，上遍国内外学术网站，剽窃别人的研究成果，东抄一点、西抄一段地拼凑成自己的报告或论文，每每都能侥幸高分过关。

毕业之后，他进入新闻媒体担任旅游线记者。有一回，他拟写了一份“魔戒之旅——新西兰北岛旅游行程探勘”的企划案，一来向报社争取前往新西兰采访的公假，二来向航空公司争取机票赞助。案子顺利通过，他飞往新西兰，但是，他并未如实地前往那些景点探勘或采访，而是去私会在外留学的女朋友。

为了向报社交差，回国后他故技重施，上网抄袭各旅游网站或旅游博客对于那些景点的介绍，甚至私自下载图片使用。报道见报后，有一天报社编政组接到一通电话，检举他抄袭并违反著作权，耀升不仅因此丢了工作，还吃上官司，断送了自己在新闻界的美好前途。

●

志刚是位留学欧洲的中国留学生，他发现欧洲有些国家公共交通系统的售票是自助的，没有查票员，甚至连随机的抽查都很少。以他的思维方式看来这是管理的漏洞；他很高兴不用买票就能坐车。在留学的几年中，他一共因逃票被抓了三次。

毕业后，志刚在当地向许多跨国大公司谋职，这些公司都正在积极开发亚洲市场，可是他却一次一次被拒绝。志刚认为一定是这些公司有种族歧视，最后一次他冲进办公室，要求经理对于不录用给出一个合理的理由。经理说："你的教育背景和工作能力是我们所要的，可是我们查了你的信用纪录，发现你曾经三次乘公交车逃票被处罚。”

志刚非常讶异：“就为了这点小事吗？”但是经理告诉他：“我们并不认为这是小事，在被查获之前你可能已有数百次逃票的经历。你擅长发现规则中的漏洞并恶意使用，因此你不值得信任，我们没有办法雇用你；更确切地说：在这个国家甚至整个欧洲，你可能都找不到愿意雇用你的人。”

思：你是个脚踏实地的人吗?

现在请你针对以上三个例子，判断他们的思考与行为：若是老实者请画○，若有不劳而获的侥幸心态请画 ×。

1.（　）台生将自己从小到大的零用钱存下来，为数可观。

2.（　）台生为了考取大学，决定用作弊的方式。

3.（　）对于爸妈或老师所交代的任务或功课，耀升都会去完成。

4.（　）耀升并未如实至景点探勘或采访，而是以上网抄袭的方式交出报告。

5.（　）志刚所欲谋职的公司经理，认真确实查证了志刚的经历，发现他有逃票的纪录，因此拒绝他的应征。

6.（　）当志刚发现不用买票就能坐车时，高兴地利用这个管理漏洞逃票。

以台生例子而言，无庸置疑，他的作弊行为是错误的。其作弊行为是“果”，但导致这个结果的“因”又是什么呢？

首先，他并未如实地面对自己内心真正的想法。由于他的兄姊均属于成绩优异的优等生，对他造成了极大的压力。他本来就不是个喜欢念书的孩子，但是，他并未诚实面对这个问题，也未针对自己喜爱热门音乐不爱念书的倾向与父母进行积极的沟通，在父母的交相责怪下，一味地认为书念不好是自己的错，一心想达成父母的期望，于是选择了非正当的手段，希望能通过作弊考上父母心目中理想的学校，减轻自己的心理压力。

也许，台生内心始终怀着一种恐惧——反正父母不会接受他喜爱热门音乐的事实，一旦提出来，必定会造成一场家庭风波，两败俱伤。因此，他宁可得过且过地屈从于现状，压抑自己，以至于走上了错误的道路。

耀升原本是一个聪明的人，也因此获得不少“好处”。若他能善用这个天赋，将善巧的能力发挥于专业领域，应该可以获得不小的成就，可惜，他不仅未能善加利用，反而使它变成“取巧”。其实，他并非不知道侵犯著作权是一种违法的行为，却因为过去有太多侥幸“成功”的经验，因而明知故犯，最终不仅被解雇，更得面临侵犯著作权的巨额赔偿。

志刚多次谋职失利并不源自于他缺乏专业能力，反之他有卓越优秀的教育背景，是一位出色的欧洲留学生，可以想见他是知识分子中的佼佼者。他聪明到可以看出售票系统的漏洞，可惜的是他完全没有察觉到“白吃午餐”贪小便宜的行径才是他人生最大的漏洞；以致在小小的公交车逃票纪录上惨遭滑铁卢，信用破产，所谋职的公司没有一家愿意录用他。

你认为自己是个脚踏实地的人吗？现在，请你针对以下问题，平心静气地问问自己是否曾经有过以下念头或曾经做过以下事情？若有，请打√。

1. □你是否曾想要打扮得光鲜亮丽，到夜店或参加时尚派对，希望能因此结识富二代千金或贵公子，跻身名贵之流？
2. □你喜欢各种名牌，为了满足个人的消费欲望，向各家银行办理了多张信用卡，刷爆了每张信用卡，最后根本无力偿还？

3. □你是否不耐烦于规划长达三年、五年后的生涯，并朝向梦想努力；只是一味地寻找投机致富的机会？
4. □你是否感到怀才不遇，却不愿意从事基层工作，宁可失业在家当啃老族？
5. □你认为成功者或富豪都是含着金汤匙出生，却未曾去了解他们背后的成功故事，并努力效法他们的成功精神？
6. □为了提高利润，你认为在产品中添加一些增加卖相的添加物本就无可厚非，反正那一点点添加物又不会立刻置人于死？
7. □你平时极少花费时间在充实自己的专业知识或课业上，却总是在提交企划案前或考前才临时抱佛脚？
8. □你认为买张乐透彩券，一旦中奖，就算没有一夜致富也可能发个小财，何乐而不为？
9. □你认为全家出游，借公司名义买团体票，是个省钱的好方法？何乐而不为？
10. □你认为小组合作执行计划，自己不用太卖力，反正天塌下来有高人顶着？

人们心里总难免有一个“理想中的自己”，而这个

“自己”却未必是实际生活中的自己，以上的问题只是帮助你如实地检视真实的自己。如果你勾选的项目越多，表示你“不切实际”的倾向越明显。这意味着你已迫切需要改变，但如何改变呢？

修：缘己、利他的思辨与修正

向往一种更为美好与圆满的人生，本来就是人之常情；追求更美好的生活并不是一种错误，只是在追求美好的过程中，必须深知因果，不可为了达到目的而不择手段，唯有种下善因才能结出善果。若是妄想不劳而获、甚至说谎欺骗，实则是酝酿苦果。现在我们来看一则因为投机取巧，而为自己招来悲惨结局的新闻事件。

美国弗吉尼亚州曾发生一起杀妻自杀的人伦惨案，一位台湾陈姓移民疑因有债务纠纷，为了避免妻子背负债务，所以在预谋的情况下，先将爱妻用利刃刺死，再引火烧毁住处并自杀。陈姓移民是一位交通工程师，在台湾大学毕业后到美国继续攻读学位，也成立了一家公司，可以说是相当优秀。他和太太从小一起长大，育有一儿一女，生活非常幸福圆满。但是后来承包一项政府工程时，因为一时贪念，贿赂美国官员而被判入狱服刑两年；出狱后因投资失利，最后竟如此走上绝路。

妄想不劳而获的心态是否真占到便宜？生活中的点滴，不论家庭、事业、学业乃至亲子关系都要老老实实地经营，好好播种、用心浇灌，才能获得甜美丰硕的果实。以这位陈姓移民来说，原已拥有人人称羡的事业与家庭，这也是他努力而来；却因为一念投机取巧的心态，让几十年的奋斗与努力都毁于一旦。想想这样值得吗？天下绝对没有不劳而获的事。要怎么收获，应先怎么栽；所以培养并坚持老实做与改的概念与习惯，是非常重要的。老实的人因为脚踏实地，所以思虑清楚、看得到世事万变无常，因此当内心生起些微侥幸闯关的心态时，一定会马上察觉有问题而悬崖勒马，因为付出的代价实在太大了。懂得一步一脚印，才是真正保障幸福安乐的不二法门！

以本文的三个例子而言，台生、耀升及志刚所作所为并非大奸大恶，只是起心动念有些偏差，以致走上岔路了。以下让我们以“缘己”和“利他”两种观点来审视本文中的三个例子：

非如此不可？

台生之所以试图以作弊来考取理想大学，他可能是这么想：

× **缘己**：★爸妈一天到晚叫我念书，也一天到晚叨念我、责备我，弄得我心烦不已，难道我非要像哥哥姊姊那样当个书虫吗？他们就不能了解我对于热门音乐的热情吗？是不是只要我能考上爸妈期望中的大学，他们就会放过我，不再把我当成家中的异类？可是我一翻开书，书中的字就像蚂蚁般到处乱爬，读半天也读不进几句。为了考上他们心目中的理想大学，好吧！我就不妨冒一次险，反正只要不被发现，我就能解脱爸妈的叨念和总是不如兄姊的痛苦了。

★如果能够不必辛苦念书而考上爸妈期望中的大学，我就能有更多的时间可以上网和网友互动、玩游戏，甚至假借在图书馆温书的名义，偷偷跑出去练吉他和爵士鼓或听演唱会。既然只要花钱就能“想做什么就做什么”，当然值得试一试。

其实台生可以这么想：

○ **利他**：★爸妈之所以逼我念书，是因为不了解我的兴趣，我有义务和他们好好沟通，把我的想法告诉他们，取得他们的理解，而非一再与他们对抗。这么一来，爸妈也许就不会一味地要求我非要考上名校不可，也不会一再地对我感到失望。当他们越了解我，也就会越放心、越少烦恼，这不仅是为人子女应该做的，也可以为我自己争取到光明正大地玩热门音乐的机会，何乐而不为？

★作弊虽然有可能可以躲过监考人员的监看，却更有可能被发现，而且还得面对内心的自责，我何苦花那么多钱买一个“错误”呢？况且，我何必将自己的诚信赔在一件错误的事情上？万一作弊被发现了，我无法想象爸妈会有多么伤心，同学们会以什么样的眼光看我，这些代价太大了，连试都不必试。

给“台生们”的忠告与建议：

如果你想追求卓越的成绩，但却无心于课业，仅只是希望优秀的成绩能为你赢得旁人羡慕的眼光、赞美、奖学金，或为你摆脱压力，让你顺利毕业，因此选择了不光明的手段达到目的，即使侥幸不被发现，但也只能赢得一时，无法赢得一世。就如台生，即使因为作弊侥幸考上了名校，但上了名校之后，他是否能自此把书念好或顺利毕业？只要上了名校，他便不会再有课业压力了吗？如果他仍然无心于学业，成绩一塌糊涂，是否就得继续作弊下去呢？

人生就如一串珠链，任何一颗珠子破损，都会损及珠链的美观；任何一段穿珠的棉线断裂，都会使珠子滚落一地。一个错误的行为，往往会引发一连串错误的结果。因此，小心且踏实地踏出每一步，才是追求成功人生的不二法门。

踏实才能走长远的路

耀升之所以鬼迷心窍地抄袭他人的作品，他可能是这么想：

× **缘己：**★自从我女朋友去新西兰念书这一年来，我们始终没有见面的机会。我一方面思念她，一方面也担心她在那里过得好不好？会不会结交了新的男朋友？是该去看看她的时候了。可是，在报社上班很难排得出这么长的假期，既然我跑的是旅游新闻，何不写一份企划案，争取去新西兰采访的机会，把这些争取来的公假用来陪她。反正这些地方都是热门的旅游景点，不乏参考数据，我相信即使没有亲自到那些地方去，我仍然可以写出图文并茂的旅游报道。

★我知道这可能得冒着侵犯著作权的风险，但我想，应该很少人会看到这些报道，也不会发现这些文字是抄来的吧？反正我过去这么写论文都没有出过问题，相信这次应该也没问题才对。

其实耀升可以这么想：

○ **利他：**★过去，我多次抄袭别人的论文都侥幸没有被发现，当时年轻不懂事，因为贪玩而疏于做研究，只好抄袭别人的研究成果来蒙混过关。现在我已经出社会工作了，而且还是一位媒体记者的身份，一直以来的工作表现也深受主管的肯定；我不能因为想见女朋友而心存歹念，万一抄袭别人的文章或使用未经授权的照片而被发现，侵犯著作权法的后果恐怕不堪设想。

★其实我即使去新西兰看女朋友，也不妨碍实地进行采访的工作，我只需要在采访所需的时间之外向报社多请几天事假，便可以在采访之余去看看女朋友，虽然我们相处的时间将因此减少，但与其冒着良心谴责与触法的风险，还不如老老实实地采访、拍照来得踏实些。

给“耀升们”的忠告与建议：

侵犯著作权属于刑事案件，由于是告诉乃论，因此，只要著作权人提出告诉，不仅得面临民事赔偿，还得面临刑责。可见侵犯他人的著作权，可不是一件可以轻易善了的事情。

自从计算机及网络普及之后，人们非常轻易便可以通过网络取得各种数据，甚至任意引用或剽窃他人的著作内容，以为网海浩瀚，来源难以查证，可以侥幸逃避法律的制裁。事实告诉我们，有许多人都因此吃上官司，甚至因而毁了自己的名声与威望，当中甚至不乏知名人士。况且，如果耀升的女朋友是个明辨是非的女孩，知道耀升通过这种手段获取前去探望她的机会，或许因此对于耀升的诚信感到怀疑；一段感情一旦失去信任基础，终究难以长久。因此，耀升因一念之差所造成的错误，虽可以获得与女友短暂相聚的快乐，但等在快乐后头的究竟是什么？还很难说。

态度决定一切　品格决定命运

志刚之所以贪小便宜不买车票，他可能是这么想：

× **缘己：** ★售票是自助的又没有验票员，也不曾见过随机抽查，所以我不买票一定不会被发现，这是确定的，那我何必花钱买票呢？何况这么多人在搭车，也不差我一个人的票钱，他们不会有什么损失的。我只是一个穷学生，当省则省，省下一些买票钱也不无小补。

★上次逃票竟然被发现了，这次要买吗？还是不要吧，哪有那么倒霉一直被抓到。就算真的再被抓到，也罚不了多少钱，跟省下来的票钱相比，没有吃亏啦！

其实志刚可以这么想：

○ **利他：** ★我享受公共交通系统的服务，使用者付费本来就是天经地义。没有查票员是国家对我们的尊重，人必自重而后人重之；我还是应该老实买票，这样搭车也才心安理得。

★如果不买车票坐霸王车，等同小偷的行径，何况我是外国留学生，别人会对我的国家民族形象打上一个问号。人穷不能志短，要有骨气，这事万万做不得！

给“志刚们”的忠告与建议：

新世纪用人哲学以“品格”排第一。如果品德与动机不良，越是聪明的人，对国家社会的伤害将越大。试想一位成功的企业主是要雇用有正直品格的员工，还是专业能力强却人格污损的员工呢？答案无庸置疑地是前者。公司有许多工作是必须依靠信用才能执行，所以有这样品格污损的纪录，极有可能从此找不到愿意雇用他的公司。自以为恶小而为之，不仅让志刚的人生留下不可抹灭的污点，还大大地影响未来的发展；这样的结果相信是他在每次投机取巧的当下，绝对意想不到的，这真是因小失大，聪明反被聪明误！

慈智法师法语

天下绝无白吃的午餐　一次侥幸的不劳而获
无法带来真正的安乐　唯老实付出才是赢家

佛陀有位大弟子叫阿那律，因精进不懈、用眼过度导致失明。有一天，阿那律尊者想要缝补僧衣而大声请求协助，这时他感觉到一股暖意与祥和包围着自己，原来是佛陀亲自来为他穿针引线。阿那律尊者非常感动，觉得尊贵的佛陀不需要做这么小的事情，佛陀微笑着说："我已圆满一切功德，但是我广大的福德，便是从为他人穿针这样看似不起眼的小事，一点一滴累积起来的啊！"

汪洋大海，也是来自点涓的水滴汇聚而成；一切的吉祥安乐，都是从每个当下细微处，老实做与改而来。

四、别在「业力森林」中团团转

取善舍恶，改往修来，人人都是好园丁

昔梁武帝有次下棋，在得子时脱口喊："杀！"此时正好有位僧人来访，一旁的卫士以为武帝的意思是要把这僧人杀掉，当下便把僧人拖出去准备杀了。这位僧人是得道的高僧，临死前感叹地说："真是业障！卫士啊！你要注意以后若皇上问起我，你们要回答皇帝说：过去世，高僧是位小沙弥，有次师公讲经时帮忙拿锡杖，却不小心压死了地上一只来听经的蚯蚓，它就是武帝您的前身。因为有这误杀之因，所以现在必须偿还这误杀的果报。"果真梁武帝因很久不见此僧人，一问之下方知此事，不觉感叹因果之丝毫不爽。

业力究竟是什么？它的威力有多大？以佛教的观点："如是因感如是果。"纵观赖以生存的大宇宙，无数的星球、山川湖海、飞潜动植物都在顺应着自己的节拍、持续不断地律动，昼夜更替、四季变迁、日月运转、生命繁衍……，到底是谁在主宰这万事万物，推动万有诸法不息地运转？进一步看看，我们每颗心灵都有喜怒哀乐，每个人都有生老病死，每个家庭也都有悲欢离合，甚至每种事业都有兴衰成败，乃至一个国家皆有成住坏空，好似每时每刻都在上演着错综复杂、瞬息万变的戏码，到底这幕后的操纵者是谁呢？

在两千五百多年前，印度诞生了一位圣者释迦牟尼，为了寻求宇宙的真谛，舍王位而出家，遍寻名师，六年苦行，终于在菩提树下夜睹明星而明心见性。在成道的中夜分，佛陀显发了清净、广阔的天眼，现量见到了全宇宙各个不同的生命，是如何消亡又如何新生的！每个生命正依着自己所造作的善业、恶业，恰如其分地获得各自的安乐与痛苦。释迦牟尼佛彻见了业感缘起的真理、宇宙的“因果定律”啊！

业创造一切　有如艺术家
业组成一切　有如舞蹈家
世间业所生　以业绘苦乐
诸缘聚生业　以业受苦乐

闻：你就是业力森林的园丁

美玲坐在律师事务所里，在律师的见证下，签下离婚协议书，一笔一画终结了自己的婚姻。完成了离婚手续后，她含泪看着先生，不，前夫的背影消失在视线范围内，这才悲伤地站起身，拖着沉重的步伐走出律师事务所……。

结婚前，美玲是秘书，对方是她的主管。他们在一次出差的旅程中因花前月下、气氛良好而不慎触动了彼此的爱情神经。美玲知道他已婚，也知道他妻子即将临盆，只是在当时的美好气氛下，一时情不自禁便这么坠入了情网。交往后两人情意甚笃，他甚至在儿子出生不过才六个月时，放弃了房子和儿子的监护权，和妻子离了婚，搬到美玲的租屋处同居。

美玲的好友及姊姊知道了这件事后，都劝她离开这个男人，她们认为一个在儿子仅仅六个月大时便狠心抛家弃子的男人，必定是个缺乏责任感的男人，不值得信赖。但美玲听不进这些劝告，仍然执意与他交往，并在两年后结了婚。婚后在美玲怀孕时，旧事竟然重演，他外遇了……。最终，美玲步上了他前妻的后尘，成为他的第二任前妻。

●

翔浩站在阳台上吞云吐雾，妻子在屋子里隔着玻璃门对他说："别抽了吧！求求你别再抽烟了，你明明知道抽烟对身体不好。"他熄了烟进到屋里，对妻子说："好啦！我知道啦！今天晚上就这一根，我脑子里在想一些公司里的事情，烦得要命，就让我抽一下吧！"

妻子拗不过他，只能愁眉苦脸地看着他，不知该如何是好。翔浩答应妻子戒烟，已经说了三年多，却总是戒不掉，每当妻子提起他戒烟的承诺时，他总有各式各样的理由来搪塞，戒烟的事就这么一拖再拖。有一次他疑似患了感冒，既没发烧也没觉得肌肉酸痛，就只是咳嗽咳个不停，他总以为咳嗽不碍事，到药房随便买了咳嗽药水，连喝了一个月后，症状丝毫没有减轻。在妻子的坚持下，他前往医院做了检查，这才发现自己得了肺腺癌，而且病程已进展至第二期，心情瞬间跌到了地狱。面对眼前的病、殷殷期盼的妻子和嗷嗷待哺的两个孩子，他站在医院门口，仰头向天，简直不知回家后该如何向妻子开口……。

●

晋延是在姊姊臻瑜的照顾下长大，因为妈妈在他出生后不久，无法忍受酗酒又好赌的爸爸，而抛弃这个家庭离去。晋延的父亲在家的时候几乎都是醉醺醺的，清醒的时间则多在牌桌上，工作有一搭没一搭的，打零工所赚得的一点钱也都用来买酒赌博，完全不管他们姊弟。

臻瑜一肩挑起照顾弟弟的责任，并且在求学一路上半工半读，承担家计。力争上游的臻瑜，不但考上了大学，而且因为表现优异而获奖表扬。但是晋延对于父母充满了怨怼，他对于自己生在这样的家庭感到忿忿不平，心生叛逆，很快地就结交了恶友，甚至加入帮派。很快就辍学，连续犯下窃盗案件，又因染上毒品，持刀抢劫便利商店，最后被警察逮捕。

当记者问晋延为何如此堕落，晋延回答说："因为有这样的家、这样的父母，所以有这样的我。"而当记者问到姊姊臻瑜，为什么她那么懂事，有责任心呢？姊姊的答案竟然和弟弟一样："因为有这样的家、这样的父母，所以才有这样的我。"

思：真的身不由己吗？

现在请针对以上三个例子，判断他们的思想行为：若造的是善因请画○，若造的是恶因请画 ×。

1. (　　) 美玲明知主管已婚、妻子即将临盆，仍与主管发展婚外情。
2. (　　) 美玲的好友与姊姊看到她被爱情冲昏了头，担心她将来会受苦，因此力劝她不要跟主管在一起。
3. (　　) 翔浩的妻子三年多来，总是锲而不舍地劝翔浩不要抽烟。
4. (　　) 翔浩知道抽烟对身体不好，也承诺要改，但就是找各种理由继续抽烟。

5.（　）臻瑜一肩挑起照顾弟弟的责任，半工半读，承担家计，力争上游。

6.（　）晋延对于生在这样的家庭心生叛逆，结交恶友，连续犯下窃盗案件。

以美玲而言，她明知主管已有妻室，妻子又即将临盆，在孤男寡女共同出差的情形下，即使面对花前月下的浪漫情调，她也应该保持适当距离，或者至少站在对方妻子及未出生孩子的立场想想，万一她和主管发生了外遇，未来包含她自己、主管、主管的妻子及孩子将会面临何等处境。可惜她的感情凌驾于理智，不仅未能悬崖勒马，甚至不听姊姊和好友的忠告，破坏了主管的家庭，也误蹈了一场错误的婚姻。

在看见烟盒上的警告标示、街头巷尾处处可见的戒烟海报时，翔浩不可能不知道吸烟对身体的危害，但是烟瘾却一再突破他意志力的薄弱缺口，弥漫的烟雾也一再迷蒙了他的心眼，使得他明知不可为而为之，终于让病魔有可乘之机，侵害了他的健康。

生长在不幸福的家庭环境，已经是不好的果报，不甘愿或忿忿不平的情绪都于事无补，甚至造成更大的伤害，就像晋延随着环境而自甘堕落，自毁前途。姊姊臻瑜虽然一样处在这样恶劣的环境，但内心告诉自己绝对不要被环境打败，反而更加倍地努力。由于姊姊和弟弟内心每一步所种的因、给的缘完全不同，所得最后的果报当然是截然不同的。

你认为自己也经常明知故犯吗？或者你可能是不知而误犯？以下请检查你的心念，符合以下特征者，请打√。

1. □每当对同事或主管不满的时候，你常忍不住在背后大肆批评，甚至夸大其词，想寻求其他人的认同？
2. □当眼前出现某种利益的时候，你总是一马当先去争取，很少去考虑是否会伤人？
3. □你总是爱贪小便宜，以办公室的复印机影印私人书籍或资料，或将办公室的文具用品私自带回家？
4. □你认为男、女朋友一个换过一个或同时交往好几个，是为了能多方选择，虽然有时候会伤到别人的感情，那也是没办法的事？
5. □曾因业务之便收取厂商的回扣或礼品，并认为这一切都是“传统”，理所当然？
6. □你曾经为了逃避责任，装傻或甚至推诿给别人？
7. □你曾在上班时间，找理由开小差，跑去买菜或逛街？

8. □上课、上班、上学、约会都经常迟到，因为你觉得提早出门等人会吃亏？
9. □爸妈想跟你沟通的时候，你经常顶嘴，虽然明知道这样态度不好，但还是这么做，因为你自认为懂得比他们多？
10. □你曾经向人借贷，并想尽办法拖延或拒付欠款，反正他又不缺钱？

对良心负责，即是对善业负责。要过怎样的人生，现在的每一个时刻正是播种的时候，种的是善种子、给予善缘，将来必感得善的果；种的是恶种子、给予恶缘，将来必感得恶的果。因此每个当下的抉择，就是在成就好人或坏人！通过把握当下努力改造善的因缘，改变日后的果报，这才是真正地改变命运。

修：缘己、利他的思辨与修正

详瞻每件事情的发生，不难发现：来龙去脉的过程都是因缘果报互为循环的关系，由以下“慈悲三昧水忏”的缘起可知。

慈悲三昧水忏的缘起，是发生在西汉七国之乱时的历史故事。当时一同在朝为官的袁盎因嫉妒晁错，于是向皇帝进谗言，皇帝误信而腰斩晁错于东市，祸连诛杀九族。晁错被斩当下心生瞋恨，含恨十世要报复。日后袁盎遭到良心的谴责，心生忏悔而出家修道。由于袁盎持戒精严，十世皆为高僧，晁错伺机索报但苦无机会。袁盎十世后成为知玄法师，因处理“会昌事件”有功，得皇帝恩宠，封为悟达国师，此时一念骄慢心生起，晁错才得以乘隙化作人面疮进入国师的膝盖。面对悟达国师如此怪病，百医束手无策。此时国师忆起过往与一位病僧的因缘，当时年少的知玄法师毫不在意病僧麻风病所发出的恶臭，视病如亲地服侍直至痊愈，僧人临走前对知玄说：“你以后有难临身，可到四川彭州九陇山两松之间来找我。”因这段善因缘，国师前去寻访，并将所患怪疾的痛苦相告。这位僧人原来是迦诺迦尊者，尊者回答：“你莫忧愁，应以慈悲三昧法水洗净疮口。”当国师掬水欲洗时，人面疮忽然开口，诉说与国师在过去生的冤结：“往昔的袁盎就是你，而晁错是我。现在承蒙迦诺迦尊者出面调解，赐我三昧法水令我解脱，所以我们之间的宿冤也告终结，从今以后我不再和你为难作对。”悟达国师感慨万分，深深由此境中体会到业果的道理，当业障现前时，唯有忏悔力，乃能得除灭。国师由于感念三昧水忏之法门殊胜，于是发心造水忏上中下三卷法本，自此流传一千年，不但令我们获得利益，并让我们可推广绵延，利益后学无量众生。

这个世界的一切，就像是齿轮般彼此密切地咬合着，全基于“因果法则”之理。因此我们所作的种种是善的，将来必得吉祥如意，是恶的，只有等着领受恶果。如此在业力推动之下，生命是不是有反转的机会呢？有的，水忏告诉我们要“改往修来”。对于过往的过失，能心生惭愧而“忏悔、改”，不再造作；对于未来，能积极“修善、做”，种下善因，其间不断给予善缘、浇灌。如此运用方能消灾解厄、吉祥如意。毕竟心是万法的轴心，也是善用能量的根源处。所有种种追根究底，即在眼前这一念。因此佛陀对我们的教授教诫，就是“取舍”要义：每个当下“取善、舍恶”，不但是为修行，还是重生的契机点！

以下，让我们以本文的三个例子来做缘已、利他的思辨：

爱染不染？由你作主

美玲之所以任由自己成为第三者，她可能是这么想：

× 缘己：★他告诉我他老婆总是不做家事，甚至一再对他母亲出言不逊，他早有意要终止这段婚姻。既然他的婚姻不幸福，我们之间又互相喜欢，为什么我们不能勇敢地去追求自己的幸福呢？我并没有刻意要去破坏他的婚姻，是他们的婚姻本来就有问题，我也没有要求他离婚，是他本来就有意要离婚。这一切不是我的错，我只是勇敢去爱罢了！

其实美玲可以这么想：

○ 利他：★在他口中，他老婆看似恶形恶状，但我并不认识他老婆，也不知他们在家中真实的相处状况，这一切都只是他个人的片面之词，我怎么可以随便就相信呢？虽然我不否认自己喜欢他，他也说他喜欢我，但一想到他那即将出世的孩子，以及在家中等他回家的妻子，我怎能忍心夺人所爱？更何况孩子是需要父爱的，一个失去父爱的孩子将会成为什么样子呢？他的生命会因为失去父亲的陪伴而显得残缺吧？如果我是那孩子，如果我是他妻子，我会希望发生这样的事情吗？如果连我自己都不愿意，我怎能成为破坏他们婚姻的第三者呢？况且如果他会这样对他妻子，难保未来不会这样对我。

给“美玲们”的忠告与建议：

话不能只听单方，美玲的主管和他妻子之间的问题，不能以主管单方面的角度来观看。更何况，主管婚姻的问题远远不能成为他们发展婚外情的借口。他的婚姻问题，该由他自己去面对与解决，和美玲一点点关系也没有。当她主管以自己的婚姻问题作为索求爱情的工具时，美玲若是个慎思明辨的人，便应该看出其中逻辑的谬误。如同美玲的姊姊和朋友的忠告，由此可看出主管是个自私自利、没有责任感的人，美玲切莫以为自己就会与主管的妻子不同。

守好你的意志力缺口

翔浩之所以放任自己受到烟瘾的掌控，他可能是这么想：

× **缘已：**★据研究，吸烟可以刺激脑部多巴胺的分泌，我平常工作压力那么大，经常需要思考，需要靠烟来刺激，尤其是心烦时抽根烟，真的可以使我感觉舒服一点啊！我的人生没有别的嗜好，就喜欢这一味，虽然我知道吸烟对身体不好，但只要少抽点就好了，反正我还年轻，疾病应该还不会这么快找上我，我就等五十岁再戒烟吧！

其实翔浩可以这么想：

○ 利他：★虽然我还年轻，身体也还算健康，但谁知道无常何时会找上门呢？虽然我现在抽烟抽得比过去少了些，但吸烟是各种癌症的致病因素之一，更会增加罹患心血管疾病、肺气肿和牙周病的风险。我的孩子还小，妻子也还年轻，我想和妻子一起老去，也想陪着孩子长大。虽然吸烟能让我得到暂时的放松与舒缓，但贪图这一时的轻松，说不定会造成无穷的后患。有人说，吸一根烟会减少七分钟的寿命，如果我想陪家人久一点，还是趁着年轻早点戒烟吧！

给“翔浩们”的忠告与建议：

抽烟的当下虽然乍似可以提神，但其实烟瘾不能真正产生作用，反而会使人如同乌云罩顶、头脑不清。而且同样都是上瘾，何不选择以下这种瘾呢？美国《时代周刊》曾报道，依据范德堡大学（Vanderbilt University）所做过的一项名为“按按钮”的实验发现，参与实验的受测者若选择了较为困难的课题，并在执行过程中感觉到兴奋与成就感，脑部所分泌的多巴胺会多过那些选择比较简单课题的受测者。换言之，如果我们为自己的人生设立一个较为高远的目标，并奋力朝向目标前进，根本不需要那些外在的刺激物，多巴胺便会自己找上门。从现在开始，为自己找一个远大的理想来上瘾吧！

妥协或是搏斗？

晋延之所以加入帮派，铤而走险，他可能是这么想：

× **缘己：**★生在这样的家庭，我的学业成绩又不好，处处让人看不起。我受够了这种生活，不想再妥协了。待在学校对我来说没什么意义，也看不到未来有什么希望；我跟着这群朋友，他们都会罩我；跟着大哥更是威风。而且我自己能独立生活，也不用让姊姊这么辛苦。

其实晋延可以这么想：

○ **利他：**★虽然没有爸爸妈妈的照顾，但是姊姊这么用心照顾我，我这么做会让她很伤心。何况姊姊努力为我做好榜样，虽然我不能像姊姊一样那么会读书，但是至少做个良善的人。来自破碎的家庭，不该成为自己堕落的借口；能在恶劣的环境中坚持向上向善学习，这才是真正的与命运搏斗，才是勇者。

给“晋延们”的忠告与建议：

我们之所以会感到痛苦，是因为对于眼前的一切忿忿不平，心生怨恨“为什么是我”？但是，相信因果法则就可以改造我们的人生，更是开启快乐活泉之钥。既谓“如是因感如是果”，必然是自己过往没有作好。幸好还有个姊姊这么照顾着我，我应该要懂得观功念恩，何况生活中其实也受到很多人的帮助。所谓：“人生有梦，筑梦踏实。”面对困境去突破，智慧与勇气都是由此而生；既然不是温室的花朵，就让自己在风雨中长成大树吧！

慈智法师法语

因缘将成熟　业报已至时
非空非海中　非入山市间
无有地方所　脱之不受报
惟有忏悔力　乃能得除灭

有一次佛陀对阿难尊者说：“天下万物都有它往昔各自的因缘，而产生不同的果报；每一个业都会感果，给了这颗种子，平常又浇灌它，不感果都很难。”所以每一棵我们看起来大大的果树，它都来自于小小种子的因；再给予缘的浇灌，逐渐就会生长为果树。因此小小的种子，善念善业、恶念恶业，就会产生不同的业力，将来势必感得无尽的吉祥如意或无穷的祸事连连。这是“因缘所生法”，此点我们要铭记于心！

五、内建史上最强大的收发讯器——心

培养正知觉照，截断恶念，收发良善讯息

在美国威斯康星州，有个颇具权威专门研究脑部的心类学研究所，那里的科学家做了关于心和脑之间互动的研究。他们发现，人的正面思想讯息来自于脑部的某个区块，负面思想讯息则来自于脑部的另一区块，从脑部磁振造影可以侦测到该区域的活动。试想一下：如果我们把那块产生不好情绪的脑部区块切割下来的话，是否就永远不会产生负面情绪了呢？

以佛教的观点来说，通过反复的讯息接收，可以让心的力量持续增长。好比看到一件商品，你一直想着它的好，那么原本只是喜欢，后来就会忍不住想要买了。这是因为反复想、反复缘念的缘故；其实物品本身没有变，只是因为不断反复缘想，情绪也就随之而增长了。心的性质，即是在这样的运作下逐渐产生了变化。

在一个知名的心理学实验——斯坦福监狱实验中，我们可以看出环境塑造人性的惊人魔力。一九七一年，一位名叫菲利普·辛巴多（Philip Zimbardo）的心理学家为了解监狱生活对犯人及狱警所产生的影响，将斯坦福大学心理系的地下室改建成一座模拟监狱，以一天十五美元的代价找来二十四名男性大学生，部分扮演狱警，部分扮演囚犯。在进行实验之前，这些受试者都必须通过一系列心理评估，以确保他们在实验前都是心理健康、没有疾病的正常人。为了力求逼真，所有扮演囚犯者都必须戴上手铐、脚镣，并且以编号代替真实姓名。令人惊讶的是，在实验开始不久之后，扮演囚犯者都开始产生反抗权威、挑衅或破坏性的行为，而扮演狱警者为了维持秩序，则开始采取各种镇压手段，例如：脱光囚犯的衣服、关禁闭、没收枕头和被褥、停止供餐、强迫囚犯徒手清洗马桶、伏地挺身等各种羞辱性的惩罚，导致其中一名扮演囚犯的大学生濒临崩溃。由于实验结果太逼真，使得这个原本计划实行两周的实验不得不提前于第六天结束。

在这个实验中，所有参与实验的人虽然皆具有健康的心理状态，也明白自己正在参与实验；但在虚拟实境中竟都不自觉地被塑造成自己所扮演的角色。一场实验尚且如此，更何况是长久浸淫于某种真实环境中的人们呢?

《宝积经》说：一切法如缘　唯随欲所转
何人发何愿　如彼果得成

心好比收讯器，可以接受任何“好”，也可以接收任何“恶”。当心接触不良环境时，近朱者赤、近墨者黑，

往往深受影响而不自知；就如同一件放置于檀香木旁的物品，也会染上檀香，走到哪里都会飘香，也就是说，若能培养心的正知觉照，不仅能产生防护作用，还能发散出良善的讯息，对环境产生正向的影响。

闻：谁在刻划你的心？

半夜，三个孩子和妻子都睡了，绍岩从外头喝了酒回来，走进孩子们的房间，将他们一一叫醒，要他们立正站好，依照他的口令答数、唱军歌。他的妻子在吵闹声中惊醒，看到无辜的孩子受虐，挺身捍卫；绍岩一怒之下竟像发了疯似地动手打她，将她打得遍体鳞伤。孩子们在一旁目睹这一切，惊恐得瑟缩成一团，连话都不敢说。眼前，绍岩是一位家暴的加害者，其实他童年时正是家暴的受害者。在绍岩幼年时，父亲酗酒又失业，经常处于情绪不稳定的状态，尤其是半夜喝醉酒回到家后，动辄打骂母亲和他们三兄弟；母亲如果挺身护卫他们，便会遭父亲暴力相向。因此只要父亲在家，他们便噤若寒蝉，不敢吭声，并且极尽所能地躲着他。

绍岩成年后，童年的阴影不时笼罩着他，成家有了小孩之后，因为家庭的重担压得他喘不过气来，便开始喝酒减压。谁知不喝则已，一喝便上瘾，越喝越多，终于步上他父亲的后尘，染上酗酒恶习，甚至开始打骂妻子与小孩。至此，他从童年的受害者成为加害者，甚至很可能因此继续将暴力倾向“遗传”给下一代。

●

淑芬与先生经由媒妁之言结婚，刚开始小两口过得甜甜蜜蜜，但不久之后先生便开始觉得有些不对劲。每当他因为公司有事耽搁而晚点回家，或是在会议中不方便接听电话时，淑芬便疑神疑鬼地质问他是不是在外结交小三，不论先生如何解释都不相信，甚至因此与他大吵一架。此外，每当先生想和她讨论家中的经济分配时，淑芬总是百般回避、绝口不谈，也拒绝共同承担家中的任何开销。淑芬的怪异行径使先生大感苦恼，不知如何将这段婚姻好好维持下去。

其实，淑芬之所以如此，实在是因为过去曾经有过两段不愉快的情感经验所致。在那两段感情中，淑芬所结交的男友都是花心大萝卜，他们不仅瞒着淑芬与其他多位女孩交往，他们劈腿的对象之一甚至还是她的好朋友。不仅如此，每当他们和淑芬约会时，不论吃的、喝的、用的都是淑芬买单。原本淑芬认为既然爱上了一个人，便应该无所求地付出，因此从未与他们计较过金钱。

直到她无意间在男友的手机里发现他们和自己的好朋友之间的亲密短信与照片，这才大梦初醒，分手收场。

这些不美好的经验使她在无意间培养出极高的防备心，因此虽然先生很爱她，也非常忠于他们的婚姻与感情，但淑芬总是疑神疑鬼。此外，在金钱上她也变得极为保守，不愿轻易掏出钱来，唯恐赔了夫人又折兵。

●

莉婷是个长相甜美且笑容可掬的社会新鲜人，很幸运地应征上了某广告公司营销企划部门的助理工作。本来在广告公司工作必须具备创意、热情、强烈的企图心、敏捷的思考等特质，尤其是营销企划部门更是如此。但是在莉婷进入公司大约三个月后，她的主管便开始对她感到不耐烦，因为每当部门内进行提案前的头脑风暴会议时，所有同仁总是极尽所能地发挥创意，抛出各种千奇百怪的点子。但莉婷却经常低头不语或微笑聆听，几乎不参与讨论，一副事不关己的模样。

针对这一点，她的主管曾经多次提醒她：“莉婷，头脑风暴会议是完全开放的，不论你提出的点子有多么荒谬或不可思议，都没有人会耻笑你或责怪你。广告公司讲究的是创意与想法，你不必害怕有人会笑你，尽管大胆提出自己的看法！”但莉婷对于这一番规劝似乎不为所动，完全没有任何进步。

原来莉婷生长在一个大男人主义的家庭中，除了爸爸与哥哥之外，包含妈妈、姊姊和她是完全没有发言权的。童年时，只要她在爸爸说话时接话，便会遭爸爸责骂。长大后，有时不小心多说了几句话，爸爸便会说：“这里没有你说话的余地。”从此她养成了不发表意见的习惯，即使有想法也不轻易表达，这便是在家庭中熏习太久所造成的结果。

思：你的心被捆绑了吗？

现在请你针对以上三个例子作判断：若心是收发良善讯息请画○，若心是收发恶讯息请画 ×。

1.（　）绍岩努力承担家计。
2.（　）绍岩步上父亲的后尘，染上酗酒恶习，甚至开始打骂妻子与小孩。
3.（　）淑芬因为不知情，而爱上花心大萝卜，她无所求的付出是对的吗？
4.（　）因为有过不愉快的情感经验，以致淑芬对先生疑神疑鬼。

5.（　）莉婷是个笑容可掬的社会新鲜人，总是微笑聆听他人的意见。

6.（　）莉婷从小在家中没有发言权，以致工作中即使有想法也不敢轻易表达。

每个人在生活中或多或少都熏染了一些生活习惯，也或多或少因为个性而养成了某些思考或行事惯性，有些是我们自己明确意识到的，有些却未必。不管怎样，坏的习惯总会对自己和他人带来不良影响，有些不知不觉地扭曲了我们的心性，甚至使我们在无意中对他人造成伤害。西方有一句谚语：“小心你的思想，它会化成你的行动；小心你的行动，它会养成你的习惯；小心你的习惯，它会变成你的性格；小心你的性格，它会造成你的命运。”以下，让我们一起来检查我们的思想与行为，看看自己是否有“收发不良讯息”的习惯，如果这些问题符合你的行为或思想特征，请打√。

1. □你经常会遇见类似的人、类似的事件或类似的创伤？例如：总是结交类似特质的男朋友，总在某些关键时刻做了错误的决定，而这些决定均是来自于某些从不改变的惯性思考？

2. □你总喜欢观看恐怖、血腥、暴力、灵异类的电视节目或电影，并经常梦见诡异的梦境，或者经常感到莫名的恐惧、疑神疑鬼？
3. □你经常沉迷于杀魔、打怪或战争类的游戏，享受游戏中的杀戮快感？试着回想一下在迷上这些游戏之前的你和现在的你有没有性格上的差异？
4. □你特别喜欢悲剧，而且自己的思考也较倾向于悲观？遇上事情时总是容易产生负面思考？
5. □你曾经因为某些过往的创伤（如：失恋、受虐、被骗……），在日后遇到其他人事物时感到畏惧或裹足不前？
6. □你对于政治和社会新闻总是非常关注，并因而产生固定的政治偏见或者对社会现况感到失望、悲观？
7. □你喜欢和朋友互吐苦水、抱怨身边的人事物、道人是非，陷在这些八卦流言里，却很少静下心来向内审视自己的心？
8. □你曾经因为周遭的同学都在作弊，担心自己的成绩落后而与他们同流合污吗？
9. □你总是将自己框限于固定的生活习惯中，一旦超出这个范围便感到焦躁不安？
10. □你想过下班后或假日要带孩子出去郊外走走，但总是因为工作忙或其他理由出尔反尔？

事实上，我们经常并不如自己所想象的那么好，别人也经常并不如我们口里所说的那么坏。我们之所以会对某些事情做出好或坏的评断，都是基于过去日积月累所养成的价值观，这些价值观一旦形成某种惯性，我们便会通过这些惯性来看事情，并因此形成固定的成见，使得自己的思考失去弹性。就譬如一个惯用右手的人，一旦使用左手拿筷子，就无法得心应手地将食物夹进口中；一个总是习惯玩打怪或战争游戏的人，一旦改玩益智性的游戏，便会感到索然无味。显然，我们的心一旦经常接触某些讯息并习惯这些讯息之后，便会受到它们的左右，可惜，我们经常并不自知。

修：缘己、利他的思辨与修正

要摆脱过去那些错误的经验与习惯所导致的错误思考或行为，我们必须非常警醒地自我觉察，同时也要尽量远离那些可能让我们养成错误价值观的人事物，以免深陷其中而不可自拔。

《流氓教授》一书的作者林建隆教授出生于台湾基

隆煤矿区的贫苦家庭，父亲经历矿坑爆炸而残废。从小在恶劣环境中生长的他，初中毕业后开了七年赌场，二十三岁时被提报流氓，期间又杀人未遂被送管训，半年后转送台北监狱。发监期间，妈妈告诉他，两个弟弟有样学样竟跟着他堕落、当起流氓，也遭到法律制裁。他惊觉到自己带给弟弟们的恶影响，自此觉醒而决定痛改前非。想自我改变的他先是申请在狱中附设的补校学习，后来在管训队中遇到一位良师益友的辅导长协助他取得高商学历，之后通过大学联考。大学毕业后，他继续前往美国深造攻读硕士、博士学位，回台后受聘为大学教授。在狱中学习时，他读到了一句话："生命的意义，在增进人类全体之生命。"他把这句话一直放在心中思考并以之惕厉自己。现在林教授投身教育并四处演讲，这就是他想转变自己成为他人的良师益友，尽己所能增进人类全体之生命的积极作为。

所以在善环境的陶冶下，向良师学习，与益友为伴，我们就能从中获得人格与品德的引导与感化，走出正向光明恢弘的人生。反之，若与品格道德低劣或甚至不学无术的人为伍，这样的恶师损友会灌输给我们错误的知见，让我们熏染到不好的习惯，人生之路可能由此步入歧途，受到意想不到的牵连和伤害。

以下，让我们通过本文中的三位主角，分别以“缘己”和“利他”两种不同的角度来看待事情，从中修正过往那些错误的价值观与思考模式：

上瘾的是自己不是酒

绍岩之所以会成为家暴问题中的加害者，他可能是这么想：

× 缘己：★我的生活压力这么大，老婆这么唠叨，孩子这么吵，不过是喝点酒减压，好忘掉那些不愉快的事情，这又有什么不对吗？每次在公司受了挫折，回到家面临老婆伸手要生活费，孩子又不好好念书，成绩单一片红字，让我看了就心烦。喝了酒之后，我可以把这一切统统忘掉，心里就不再感到那么痛苦了。

★老婆说我喝了酒之后会打她、打小孩，那还不都是因为她太唠叨、孩子们太不听话，这难道是我的错吗？她明明知道我的压力很大，就不能让我静静地喝点酒，非要在旁边一直找我吵架不可？她如果把这些时间用来把孩子教好，把他们的功课管好，我不就不会生气打人了吗？

其实绍岩可以这么想：

○ 利他：★老婆说我酒后会打她、打小孩，其实喝了酒后迷迷糊糊的，我根本记不清楚自己做了些什么事，直到看到他们身上的伤痕，我才相信自己真的做了这些荒唐事。记得小时候，当爸爸酒后打我时，我心中那种恐惧真是无法形容。我曾经发誓，长大后绝对不要成为像爸爸一样的男人，怎么我现在竟然复制了爸爸的行为，把我童年时的恐惧传给了孩子们呢？

★我的压力确实很大，但除了喝酒之外，应该还有其他的减压方法。也许我可以在晚饭后带着孩子们到公园慢跑或散步，一方面运动，一方面消耗孩子们过剩的精力，他们就不会在家里吵闹不休了。我也可以利用假日带着老婆小孩一起去爬山、野餐，那样既不用花太多钱，又可以增进一家人的感情，还可以远离酒的诱惑。好吧！从今天开始，我绝对不再喝酒了！

给“绍岩们”的忠告与建议：

童年所处的家庭环境或者曾经受过的创伤，经常深植在潜意识，当因缘成熟时便会爆发出来，使我们从原本的受害者变成加害者。即使我们不断自我提醒“我绝对不要成为……”，但如果不够警觉，很容易便会成为自己所不想成为的那种人，或做出自己所不想做的那些事。

童年时，我们几乎不可能拒绝家庭所给予的“熏习”；但成年后，我们绝对有能力拒绝为自己制造一个不良的环境或恶习。譬如：如果你的家人有酗酒的恶习，你便该远离所有的酒类乃至所有喝酒的朋友，以免步上后尘；如果你的家人有赌博的习惯，你更应远离赌场和所有与赌博相关的人事物，以免不慎染上赌瘾；如果你的家人有家暴的行为，你便应该在自己情绪不稳、即将要发怒或发作时，暂时回避，以免在盛怒下做出暴力行为，对他人造成伤害。甚至有必要时得寻求各种心理、精神上的疗愈或心灵成长课程，令自己从痛苦中走出来，不再受到那些伤害的捆绑。

别以破碎的心观看世界

淑芬之所以成为一个疑神疑鬼、悭吝的人，她可能是这么想：

× **缘己**：★男人没有一个好东西，我过去被骗怕了，每一次都是赔了夫人又折兵，伤得体无完肤。既然男人不可信任，我现在又嫁了人，以后一定要好好看紧我的先生，不让他有任何在外结交小三的机会。以前那两任男朋友，每当和其他女生约会时就会故意不接手机，要不就是明明和我定好的约会却临时取消。以后，我要特别留意这方面的迹象，以免先生外遇！

★在前两段感情中，我为了那些男朋友付出了很多金钱，搞到最后连存款都所剩无几，以后我绝不再那么傻，我要把自己的钱看好，也要努力存下一些钱，否则万一哪天老公有了外遇不要我了，我岂不是人财两失？

其实淑芬可以这么想：

○ **利他**：★对，我很怕被骗，也很怕再次受到伤害。虽然我过去有过两段身心受创的情感经验，但我先生毕竟不是他们，硬要将他们的行为模式套到我先生身上，对我先生是不公平的。婚姻必须在一定的信任基础底下才能够维持，我应该放下过去的创伤，把我心里的恐惧开诚布公地告诉我先生，让他明白我对于婚姻的期待与坚持，告诉他什么样的事情是我绝对不能忍受的。

★至于在金钱上，我可以和先生讨论，从彼此的薪水中拨出一定的比例作为家用，其余的部分由彼此自由分配，如此一来，我还是可以维持一定的存款，不必担心户头里没有存款。先生是个老实人，对我也百般包容，是该打开我的心的时候了。

给“淑芬们”的忠告与建议：

过往一再重复的不愉快经验形成了创伤，使我们不自觉被那些创伤所俘虏，并因而影响未来的许多判断与行为。其实，创伤是一份礼物而不是一个诅咒，它可以帮助我们学会如何慎选交往对象，而非成为惊弓之鸟，将每个对象视为毒蛇猛兽。淑芬过去之所以会一再遇到类似的男朋友，是因为那一类男性具有某些吸引她的特质，这两次经验应该让她学会调整自己挑选男朋友的态度，以避免重蹈覆辙，而非让那些创伤撕裂她的心，以破碎的心观看世界。

解开封印 启动创意人生

莉婷之所以在头脑风暴会议中一语不发，她可能是这么想：

× **缘己：** ★从小，在爸爸面前我不管说什么都是错的，只要多说两句便要挨骂。而且，爸爸也一再告诫我，以后出门在外能少说话就少说话，以免说错话惹人讨厌。此外，爸爸也告诉我，初出社会什么都不懂，最好多听、少说、多做事，多观察人家说些什么、做些什么，从他们身上多学点经验，等学够了经验和本事后再发言，才不会让人“看破手脚”，让人瞧不起。

★刚来到这家公司，看他们每个人在会议上都抢着发言，好像彼此在抢功劳、抢着表现似的，让我感觉好有压迫感。如果我也像他们一样，他们会不会认为我不过就只是一个新人，竟敢抢着发言，万一不小心太出风头，抢了人家的表现机会，应该会受到排挤吧？为了自保，我看我还是少说话为妙。

其实莉婷可以这么想：

○ **利他：**★看大家在会议上踊跃发言的样子，真的让我好羡慕。从小我就很受压抑，也很害怕公开发言，深怕自己说错话。但是，主管告诉我要勇于发言，不必害怕遭到耻笑。看他们努力想点子，又勇于表达的态度，我想，主管说的应该是真的；否则他们不会连一些听起来既搞笑又无厘头的话都敢说出来。

★我想，我应该学习大家那种勇于表达的态度。其实，每当大家在讨论时，我脑中也会冒出一些点子，只是怕自己的想法太不成熟，所以不敢说出口。可是，如果我勇敢说出来，说不定我的创意会被采用，说不定在向客户提案时会一举成功，那样一来，不仅能够增加我的信心，也能对整个团队有所贡献，何乐而不为？

给“莉婷们”的忠告与建议：

初出茅庐的社会新鲜人，在面临一份新工作时，采取多听、少说、多做事的态度是正确的；只是莉婷将这个原则用错了地方。所谓的多听、少说、多做事，指的是在执行工作时，少道人是非、少说抱怨的话语、少随着他人一起闲聊八卦，而非用在需要创意发想的动脑会议上。

莉婷因为从小饱受压抑而畏惧任何需要公开发言的场合，那是因为爸爸的管教深植她的心中所致。但是，人生在世不论说话或为人处世，总是需要因地制宜、因事制宜、因人制宜，随着应对的场合和对象不同而调整角度，而非以一套标准或方法行遍天下。莉婷既已进入社会，便应该适度抛开家庭所给予她的种种束缚，勇于表现自己，闯出自己的未来，努力“成为自己”，而不再只是昔日那个“爸爸的女儿”。

多数人在置身于某个环境一段时间后，多少都会受到环境的影响而产生改变；有些改变是好的，有些改变则未必。因此，何妨每隔一段时间停下脚步审视一下自己的改变，保留那些好的，调整那些不够好的。别让自己随波逐流，也别将心的自主权交给环境或生活周遭的人事物。

慈智法师法语

“心”是一切诸法之根本
因此应看清楚心续的流向
有利让它持续不利应截断
才是明哲保身的自爱之道

当心发出良善的讯息，他人接收到的也是良善的，这将带给周遭人快乐：如同在空花瓶插上清香的花，周围的人包括自己，都蒙受其芬芳。如此，生命处处是贵人！反之，一心只缘念自己、自私自利的人，却如同在空花瓶插上有毒的花，等同将清净的心糟蹋，带来痛苦。我们或许无法选择或马上改变大环境，但是我们可以通过自我管理，去除不良的念头与行为，进而发出良善讯息，不仅为自己带来尊严，也带给他人快乐。

六、珍惜人身，把握人生

善用暇身，时时自问：「我是为何而作？」

《大涅槃经》说："生世为人难，值佛世亦难，犹如大海中，盲龟遇浮孔。"意思是说，人身难得，犹如一只盲龟在探出海面时正好将头伸入浮木的孔洞中。想想，浮木在海上漂流不定，而盲龟久久才探出头一次，要正好相遇，并且将头伸进浮木的孔洞中，是一件多么难得的机遇啊！

有则发人深省的小故事：有人教了年轻人一个口诀，要他凡是在做任何事时都要去想："我是为何而作？"年轻人把这句口诀琅琅上口，有天他睡觉时听见外面很嘈杂，不由自主地念着："挖啊挖！你是为何而挖？"这时外头的小偷一听简直吓坏了，心想："怎会有人知道我在挖之前埋在此处的金银财宝呢？"当下作贼心虚、魂不附体地逃之夭夭，而留在现场的金银财宝当然就变成年轻人的了。这个消息辗转传到国王的耳中，国王召年轻人入宫，请年轻人教授他这个口诀，之后国王也时常持诵此口诀。三五年之后，右宰相势力越来越大，一心想要篡夺王位，于是收买了国王的理发师，计划在打理国王的头发、为国王刮胡须时，用利刃割破国王的喉咙。这天，正当理发师磨刀准备时，国王见状很自然地就持诵口诀："磨啊磨！你是为何而磨？"这下子理发师吓到了，以为计划被识破，当下两腿发软、跪地求饶，也因此让国王有机会发现这桩密谋。

“为何而作”的口诀，并不是要我们依赖过去的种种风光，为了延续以往的光环而作；也不是要我们仰望未来，为了构筑许多梦想而作；而是要我们将口诀用在当下，时时“检查自心”做与改。既生为人，我们是否真的意识到人身之难得？或者任凭这好不容易得来的人身，虚耗在诸多琐务中呢？就让我们一起时时问自己：“为何而作？”

闻：是真忙或是真茫？

从一早七点起床开始，立洋便像只陀螺般转动着他接下来的十九小时，而且这只陀螺的转速远高于一般人。他所从事的是装潢设计工作，由于充满创意、风格多变，总是能够依照客户需求打造出合宜的室内空间，再加上收费合理、监工严谨，使得他的案子总是接不完。本来他可以依据自己的忙碌程度决定该接多少案子，可是由于他出身于贫困家庭，小时候经常处于饥饿状态，使他对于金钱始终怀着莫名的不安全感。因此即使从业十几年来已为他累积了数栋房产，但金钱仍然鞭策着他不断往前冲刺，不放过任何一件到手的设计案，即使一天只睡五小时或甚至更少，他仍然甘之如饴。

除了睡眠的五小时之外，其余的十九小时，他总是在绘图、估价、订购材料、联络工班、协调进度、和案主讨论或修改装潢细节、监工中度过，最多时一天得跑三四个工地。与其说他乐在工作，不如说他是一个受到“贫穷恐惧”所驱动的机器人，活着的目标便是赚钱、赚钱、赚更多钱。

●

世明在游戏公司担任游戏软件工程师，自从进入游戏公司以来，因为充满创意、工作努力，再加上具备音乐、美术、频宽、硬件接口及程序技术各方面的整合能力，因此他所设计出来的游戏总是深受广大群众的喜爱，不仅为公司增加不少利润，也为自己累积了不少财富。

对他来说，将自己所学的专业尽情发挥于工作，可谓适才适所、适情适性的一件美事。直到有一次，他因为过劳导致身体出了状况，就医后请了长假在家休养，这才放慢了生活节奏，脑子也有了思考的余裕。休养期间，每天他总要定时收看电视新闻，补修因为努力工作而不及格的时事学分。有一天电视播放着一则令他震惊的新闻，新闻内容提及韩国有一对夫妻，因为沉迷于网络游戏，每天只顾着到网吧打网络游戏，竟将仅仅三个月大的女婴独自留在家中，每天只喂一次牛奶，因而活活饿死亲生女儿。又有一天，电视新闻播出某地有一名年仅二十三岁的男子，在网吧打电玩打到一半时猝死于店内；更令人惊恐的是，在他周围的其他玩家对于他的死竟浑然不觉，继续伴尸打怪……

这些新闻让世明深感震撼，不禁开始思考：他曾经崇尚的游戏产业，究竟造就出一个什么样的世界？他曾经深以为傲的计算机游戏设计能力，又造就出多少网络成瘾者？一夕之间，他所信仰的价值体系突然崩解，他感到极度恐惧，这些年来，自己到底做了些什么？

●

添祥经营化妆品生意，兼做玉石和珠宝买卖，同时还投资了服饰公司和房地产、操作股票，日进斗金。因为事业忙碌，他经常南北奔波，有时还得陪客户和亲友打牌，每天总要忙到半夜两三点才入睡，严重透支体力。有一天他患了重感冒，却认为感冒不是大病，因此并未就医，直到三天后因为病况严重，家人赶忙打了120求救，还等不及救护车到来，他便撒手西归。留下了老母、妻子、孩子、四栋房子以及数千万元的房贷。

当添祥在世时，他的生意与投资是一种资产，但在他往生之后，这些资产一夕间变成了负债。他原先想为家人创造更好生活的美意，最终仅留下了永远的遗憾。

思：你知道自己为何而活吗？

针对以上三个例子，请判断他们的思想和行为，属于善加利用人身者请画○，相反者请画 ×。

1.（　）立洋监工严谨，收费合理，总能够依照客户需求，打造出合宜的室内空间。

2.（　）立洋像一只陀螺每天工作十九个小时，他未必乐在工作，很大一部分是受到“贫穷恐惧”所驱动，经常不知为何而忙。

3.（　）世明具备音乐、美术、频宽、硬件接口及程序技术各方面的整合能力，且他工作努力，使他所设计的游戏深受广大群众的喜爱。

4.（　）世明深以自己的计算机游戏设计能力为傲，却不曾思考过这已然造就出无数网络成瘾者。

5.（　）添祥经营化妆品生意，兼做玉石和珠宝买卖，想为家人创造更好生活。

6.（　）添祥经常南北奔波，每天总要忙到半夜两三点才入睡，有时还得陪客户和亲友打牌，严重透支体力。

以上三个例子中的主角都拥有一些共同点，譬如他们都很努力工作、积极营生；他们都依循着心中的价值观，义无反顾地朝向目标前进；当生活中的一切维持着一种稳定与丰足时，他们都并未停下来问问自己：这一生所为何来？

立洋、世明与添祥都是心性稳定踏实的人，原本这些特质是人生的美德，但仅仅稳定踏实，便足以让人活得有价值？便足以建构出一个美好的人生？以添祥而言，他一生汲汲于追求，为的是能够享有富足的生活，但在他尚未抵达目标前，便因耗尽了生命而在人生这场棋局中宣告弃权，留下了一盘残局。最终他的妻子得变卖掉他拼命赚来的四栋房子，以偿还数千万元的房贷债务，一家人还没开始享受富足的人生，便得各自舔舐丧子、丧夫、丧父的伤口，而添祥生命最终所享受到的，仅仅只是操劳！

如果你从来不曾思考过生命存在的意义，现在请你暂时停下脚步，审视一下过往的生活，并且问问自己以下这些问题，若你的思想行为符合以下特征者，请打✓。

1. □你认为人生在世，除了食、衣、住、行、育、乐与财、色、名、利等各项物质条件的满足之外，其他都是次要？

2. □你总认为社会新闻中所报道的那些天灾、人祸、过劳死或猝死事件和你一点关系也没有，反正那些都是别人家的事？
3. □你常常对于物质感到无法满足，看到别人拥有豪宅、名车、珠宝、精品时总是心生羡慕，希望有朝一日能成为富豪。
4. □你在看到有些孩子贫穷到付不出营养午餐费时，从没想过尽一己绵薄之力去帮助他们？
5. □你总是和同事暗地里互相较劲，拼命想在公司里争取表现的机会，一心想往上爬，甚至不惜挤掉对手，为自己清除障碍；却从没想过人家家里食指浩繁，等着这份薪水应付日常开销？
6. □你宁可把工作之余的时间用来上网或休闲娱乐，却从未想过要去做义工或做些社会服务的工作？
7. □你是一位多金的老板，但总认为自己赚得还不够，因此刻意采用劣等或廉价的材料来降低成本，并且一天到晚在员工面前喊着经济不景气，公司没有利润，借此压低员工薪水？
8. □你是否常常回想过去的辉煌纪录，觉得自己今非昔比，而沉入懊悔、沮丧之中，甚至大发牢骚，却不积极思考如何让自己的人生更有意义？

9. □你认为工作只是为了生活所需，最好就是钱多事少离家近？

10. □你是否常常漫无目的地按遥控器转电视台，提不起心力去做些什么事？

如果我们收到一份面额五百万元的礼券，必须在一周之内用掉，一周后礼券就无效。相信我们一定感到喜从天降、如获珍宝，不但不会蹉跎拖延，还会立刻好好规划并火速执行。我们应该不会把五百万元全拿去买卫生纸囤积在家里，也不太可能全数花在美食的享受上，因为这样太可惜了！大部分的人会运用这五百万元去购买一些可以保值的商品或进行投资，生出更多的红利！总之，这份大礼物我们不会等闲视之，而是会用心计算，务必作最好的利用！

只是我们常常忽略了，其实这一世，打从我们刚出生时，就已经拿到一张类似这样的礼券，那就是我们宝贵的“人身”。然而不合理的是，我们明知“人生无常”，随时会失去这个“宝贵人身”，有多少人曾为它用心计算与规划呢？又有多少人正做着把五百万元全拿去买卫生纸的愚蠢行为？或甚至更糟，做出伤己伤他、自毁人身与前程的行为？因此趁着我们还在兑换“人身礼券”的短暂有效期间内，应立即检视自己是不是个“智慧人身”投资者？并学习该如何做、如何改，才能让这“珍贵暇身”不唐捐。

修：缘己、利他的思辨与修正

生命最终的追求不外就是远离痛苦、得到安乐。检视一下生活中的情境，甚至可以亲自体证：同一份工作、甚至同一个动作，若是以“宽待他人，服务他人，为他人付出，让对方得到快乐”的想法去做，会远比只为了“一己的温饱与利益”，得到更多的快乐和满足！古今中外所有有作为的人，都是因为“爱他”而得到彰显。让我们来看看一代名臣范仲淹的故事。

北宋名臣范仲淹，一生出将入相，他所说的“不以物喜、不以己悲”，“先天下之忧而忧、后天下之乐而乐”，正是他高贵人格的写照。从青年时代开始，范仲淹就立志做一个有益于天下苍生的人。出身贫苦的他，在求学时期，每日仅食用两餐冷粥度日。即使在这样艰困的环境中，他仍不为名利、富贵所动。范仲淹一生为官清廉律己，在朝廷正直敢言，从不考虑自己的前途和安危。每到一地任职，便兴修水利、培养人才，政绩斐然。真正做到为官一任，造福一方。

范仲淹最为人称颂的便是兴办“义学”和“义田”。他曾在家乡苏州买了一块地准备盖住所，风水师向他贺喜说：“这是一块能出公侯卿相的风水宝地。”范仲淹一听，便说：“若是如此，那要让出此地、兴建学堂，使读书人在此学习，公侯卿相人才不是更多吗？”果真他就在这里建起郡学，延聘名师教育青年学子，而有“苏学天下第一”之誉。他并购买家乡附近的良田一千亩，名为“义田”，帮助救济贫困的人。范仲淹一生虽居高官，却把薪俸都用来救济贫民，甚至死后入殓时，子孙也没有余钱为他办好丧事。但是倍极哀荣，有数百族人，来到祠堂像死去父亲一样地嚎哭伤痛；从政过的地方，百姓纷纷为他建祠画像，追思悼念。人们歌颂他说：“朝廷无忧有范君，京师无事有希文。”在百姓心目中，范仲淹是国家之栋梁，百姓的依靠。范仲淹这种仁慈济世的胸怀，充分展现知识分子对社会国家的良知，这种善用人身利他的精神、思想和作为，千古之后仍闪耀着正直璀璨的光辉！

其实每个人都有行善的能力，小至扶一位行动不便的老人过马路、协助一位母亲扛起婴儿车跨过阶梯、拾起路边一只破碎的玻璃瓶；大至捐款给弱势团体、认养贫童、进行社会救助等，处处都是利他的舞台，只等着我们粉墨登场。

以本文的三位主角为例，让我们来看看，站在他们的位置上，他们可以如何想、如何做？

别穷到只剩下钱！

立洋之所以会对于金钱感到永远不满足，他可能是这么想：

× **缘己：**★我从小就非常穷，父母不论怎么努力，就是养不饱我们家的八个小孩，我常常看到妈妈为了家计而愁眉苦脸，爸爸也一天到晚都在田里工作，因过度劳累而早逝。所以，我努力赚钱有什么不对呢？我家里有好几个小孩要养，虽然十几年来我赚了好几栋房子，但每个小孩分一栋，我和太太最后也只剩下一栋房子可以住，说来说去我离富有还早得很。虽然我们现在不愁吃穿，但如果未来孩子要开公司做生意，难道不用资金吗？老了之后，我和太太不需要养老吗？虽然我已经头发斑白，但只要还做得动，我就是要努力赚钱，一直做到我做不动为止。

其实立洋可以这么想：

○ **利他**：★十几年来我总是为了养活家人、小孩而努力工作着，很少关心社会上的其他人事物。现在小孩都长大了，生活上已经不需要我操太多心，他们的未来应该靠他们自己去努力，我终于可以有心力去关心其他穷苦的人了。尤其是那些穷人家的小孩子，我不希望他们像我童年那样饿肚子。我可以捐款给学校，资助贫困儿童的营养午餐，也可以认养贫童，更可以定期捐款给慈善团体或孤儿院，让这些孩子得以温饱。我不年轻了，以后接案子时该量力而为，虽然我会因此少赚一点，但却可以空出一些时间去做善事，或做些有助于提升心性的事情。反正钱是生不带来死不带去的，只要够用就好。

给“立洋们”的忠告与建议：

这世界上有许多立洋们，每天老实地工作着，生活过得充实而心安理得，他们正是维持社会稳定的一股力量。立洋们的苦干精神非常令人敬佩，只是他们每天就如同一个设定好程序与路径的机器人一般，从早到晚做着一样的事情，几乎从不思考如何让自己的人生有所不同。

稳定固然是一种难得的幸福，但若能在稳定之余，思考如何去帮助那些仍生活于贫穷线以下的弱势族群，在能力所及的范围内给予必要的协助，立洋们的幸福感将大大地提升，同时更将会体验到一种超越自我满足的快乐！

造业总在不觉中

世明之所以致力于设计出好玩的游戏，他可能是这么想：

× 缘己：★每当在电视广告中看到我所设计的游戏即将上线时，我总是充满了成就感与满足感。尤其当发现玩家数字大量攀升时，我就知道我又一次成功挑战了自己，也再一次交出了漂亮的成绩单。

★我热爱我的工作并且乐在其中，尤其这份工作又能为我带来大笔财富，我想：人生大概没有比这样更幸福的事情了吧？如果可以，我希望能设计出更吸引人的游戏、更多的关卡与更高的挑战。我的目标是成为世界第一的“游戏之神”，让所有玩家臣服于我的游戏之下！

其实世明可以这么想：

○ 利他：★虽然设计出好玩的游戏令我感到非常有成就感，但是游戏让人沉迷，游戏制造出许多家庭问题，游戏甚至让人猝死，这真是一件可怕的事情。过去我只醉心于自己的成就感，从来没想过计算机游戏会玩出人命来。我要为这些因为游戏所造成的家庭或社会问题负起责任？我的责任难道就只是设计出好玩的游戏这么简单而已吗？或许我该好好想一想，如何利用自己的专业去做点更有意义的事了。

给“世明们”的忠告与建议：

当我们悠游于专业领域，如鱼得水，并且受到众人欣羡时，何妨稍微停下脚步，想想可以如何利用自己的专业，对社会做出更有贡献也更有建设性的事？世明在游戏领域的成就固然十分傲人，却在无意之中造成许多社会问题，在佛法的观念里的确必须承担业力。如果他能够结合自己的专业与知识，设计出一些知识性的游戏，在这个知识挂帅的年代，未尝不能闯出一片蓝海。

明日先到或下辈子先到?

添祥之所以广泛地做各种投资，闲暇时也没能好好休息，他可能是这么想：

× **缘己**：★陪客户打牌是一种艺术，我既不能赢，也不能让自己输太多，这可不是一件容易的事。打牌除了可以是一种放松的休闲活动，更可以拉近我和客户之间的距离，让未来做生意更顺利，也可以让我在牌桌上观察他们的个性，以后便能依据他们的个性投其所好。我还年轻，不趁现在多赚点钱，难道等老了再来后悔吗？如果我能多角投资，便能分散风险，增加赢面，还可以用这些赚来的钱投资房地产，多买几栋房子，老了之后便可以靠收租养老。虽然现在日子过得累了一点，但想到未来的悠闲人生，累一点还是值得的。

其实添祥可以这么想：

○ **利他**：★俗话说："留得青山在，不怕没柴烧。"以我目前的生意状况来说，稳健且渐进地成长是没问题的，我应该稍微放慢一下脚步，适度地休息、运动并且放松自己。虽然打牌也是一种休闲，但毕竟相当消耗精神与体力，还不如把时间用来好好睡一觉，养足了精神好面对明天的挑战。

★如果要拉近与客户之间的距离并且观察他们的性格特质，我可以邀他们一起去打高尔夫球或爬山、运动，甚至可以组织一个非正式的慈善团体，每当遇到社会上有急难事件时，集合我们大家的人力物力一起帮助需要帮助的人，平常也可以多关怀贫童或弱势族群，在能力所及的范围内多做些社会关怀，这样才会让生命更有意义。

给“添祥们”的忠告与建议：

我们总是依循着日常的惯性过着每一天，但是认真说来，我们永远不知道究竟是“明天”会先到，或者“下辈子”会先到。有时，“无常”会以迅雷不及掩耳的速度突然来袭，使人猝不及防。既然无法预防，也无法预知，不如珍惜每一天，尽可能做些助人的事，使人生变得有意义。能够如此，即使“无常”悄然掩至，心里也将不会有遗憾。

积极且踏实的人生是美好的，若能偶尔停下来“慢活”一下，一方面享受人生，一方面检视过往的惯性，问问自己这些惯性是否埋没了内在的善良与纯真，问问自己生活中是否还有缺憾，并且改善它。聆听内在的善良之声，重新调整脚步再出发，也许你的人生将因此有所不同。

慈智法师法语

人身有如珍贵的宝盒　不知您善用了吗
一生追逐梦想　却带不走一丝财富名位
蓦然回首　赫然发现终究被病老死擒获
是否应重新检视此生　令暇身不唐捐呢

人类的生命之所以比其他生物珍贵，是因为懂得思考、抉择、善用，而不是只凭着身体的感官反应或情绪感受在行动，否则浑浑噩噩度日与虫蚁又有何异？更何况人生苦短是不争的事实，因此要去思索：

当看到“病者”，我们就要放下“健康者”的骄傲。
当看到“老者”，我们就要放下“年轻者”的骄傲。
当看到“死者”，我们就要放下“生存者”的骄傲。

第二部　怎样做才欢喜？

一、生命中必要的「孝素」

以正法法水灌溉父母恩德田

自从网络崛起之后，各类社交网站大行其道，表面上似乎拉近了人与人之间的距离，事实上这些友谊却是建立在一座空中楼阁之上。有许多年轻孩子一天到晚流连于网络，积极经营网络上的友谊，却无暇顾及真实的人际关系，与父母也越来越疏离，尤其每当父母劝阻其毫无节制的上网行径时，便产生严重的亲子冲突，还提什么孝道呢？

关于孝道，佛陀以自身的故事示现了其重要性。在出家之前，佛陀名为悉达多·乔达摩，乃为印度迦毘罗卫国净饭王的儿子，十七岁那年，在国王的安排下，娶了邻国的耶输陀罗公主为妻。娶妻后的太子在一次出游时因目睹民间的诸多疾苦而生起出家的念头，便去请求父王，希望父王准许他出家。净饭王一听，泪如雨下，最后以沉痛的心情对他说："如果你能为王室生个儿子，我就准你出家。"此时，太子立刻手指着耶输陀罗的腹部说："父王，她怀孕了。"后来，耶输陀罗果真怀孕，只是这一胎怀了六年，才生下了一个儿子，名叫罗睺罗。

在罗睺罗出生之前，净饭王为了让太子打消出家的念头，特地为他建立了春、夏、秋、冬等四季宫殿，并赏赐众多美女昼夜欢宴，想借由富贵欢乐的生活，转移他出家的想法。但悉达多太子自从见到了人间的疾苦后，对这一切歌舞伎乐更生起了厌离之心，一心只想寻求解脱老苦、病苦、死苦、忧苦之道，终于在二十九岁那年，也就是罗睺罗出生那一年的一个月圆之夜，不告而别，从皇宫出走，隐遁山林，剃去发须，潜心修行，终至悟道成佛。

悉达多太子为了寻求解脱之道，舍弃人间的荣华富贵及贤妻幼子，毅然遁世出家，并于悟道后回头度化父王与王室众多王亲贵族，这是大孝；甚至当佛陀涅槃时，母亲摩耶夫人从忉利天来到涅槃处的梭罗双树下，佛还自金棺中坐了起来，以最虔诚的心情，合掌恭敬地迎接母亲，这是至孝。不论神圣的大孝或人间的至孝，佛陀以尊贵的行仪，告诉了我们为人子女所应有的孝行。

情境

有一位年近八十岁的老先生，原本是知书达礼之人，与儿子、媳妇、孙子一家人和乐地生活在一起。不知自何时开始，老先生渐渐表现出一些怪异的言行。例如：夜里总是无法入睡，惊恐地说他看到鬼魂前来拘拿他，并且不断地抱怨儿子、媳妇联手虐待他，不仅拿剩饭剩菜给他吃，还倒来极烫或极冰的水，想要烫死他或冷死他。儿子觉得状况有异，带着老先生去就医，才发现老先生罹患了失智症，而所有那些怪异的言行都是失智症所导致。

为了使老先生得到良好的照顾，媳妇特地辞了工作，在家专心照顾他。刚开始一切都还可以忍受，但随着病情加重，老先生的言行越来越反复无常，情绪也越来越阴晴不定，无论怎么服侍他都不满意，还不断向儿子、女儿抱怨媳妇不孝，故意不给他饭吃、不给水喝。这些不实的指控使得女儿对媳妇极度不谅解，甚至当着家人的面指责她不孝，原本孝顺的媳妇也越来越无法忍受，不仅常常失控地辱骂老先生，甚至在他喊饿或喊渴时也故意不予理会。至于儿子，也因不堪夜夜照顾父亲的疲累，导致情绪低落，一天到晚与妻子吵架。在忍无可忍之下，夫妻俩决心将老人家送到赡养院去，从此眼不见为净。

戒：恶业之重，不孝为大

佛法虽未具体将“孝道”列入“五戒”“十善”之中，但在《杂宝藏经》，佛陀讲了这么一段话，值得人们引以为戒：

有一天，佛陀在王舍城的“耆阇崛山”即灵鹫山，为佛陀向大众说法之处所，对所有的僧众说：“有两种做法，能够使人迅速投生于人界或天界，甚至体验涅槃的至乐法喜。另外有两种做法，能够使人迅速堕入畜生、饿鬼、地狱三恶道中，忍受极大的苦恼。”

大众问：“什么样的做法能够使人迅速投生于人界或天界，甚至体验涅槃的至乐法喜呢？”

佛说：“第一是供养父母福德田；第二是供养圣者功德田。”

大众又问：“什么样的做法能使人迅速堕入畜生、饿鬼、地狱三恶道中，忍受极大的苦恼呢？”

佛说：“第一是在父母所在之处做出种种不善的行为；第二是在圣者所在之处做出种种不善的行为。”

此外，佛陀也在《大乘本生心地观经》开示说：“你们应该勤于孝养父母，孝养父母的福德与供养佛的功德并无差别，你们应当这样报答父母的生养之恩。”

以上述的故事为例，虽然照顾失智老人并不是一件轻松的事情，但既已知道老先生的反复无常是失智所造成，并不是有意刁难，身为子女，也应常常回想从小到大父母的悉心呵护，现在长大成人、父母年老病衰，理当用感恩心来回报父母恩。做好心理建设，就不会把老先生那些话语行为当真，因而严重影响情绪，甚至交相指责，磨灭了原本孝顺的美意，更不该因此夫妻失和，使得一家子鸡飞狗跳，永无宁日。

事实上，如若依据佛陀的教诲，将家中父母视同佛陀一般侍奉，即使长辈做出种种刁难或反复无常的行为，也能将之视为“逆增上缘”，转烦恼为菩提，努力提升自己的心性，使自己在种种逆境中成长，既能奉行孝道，又不使心性沉沦，那才是至孝。

定：如光目般坚定的孝养之心

久远劫以前，在清净莲花目如来住世的时代，有一位名叫光目的女子，为了利益已往生的母亲，特别供养了一位罗汉，并请罗汉告知母亲亡故后的去处。当她知道母亲因嗜食鱼卵而犯下了极重的杀业，并因毁谤、恶口骂人等恶业而堕入地狱受苦之后，难过不已，于是遵照罗汉的指示，以至诚之心忆念清净莲花目如来，并且卖掉家中的物品，用这些钱来雕塑、彩绘这尊佛的形象，虔心恭敬供养、礼敬，终于将母亲自地狱救渡而出。

后来，她母亲投生为家中一名奴婢的孩子，才出生三天便能开口说话，这孩子提及她在地狱所受的种种苦，幸好因为光目恭敬礼拜如来的功德才得以投生为人。此外，她还说自己因恶业未尽，十三年后将重返恶道，希望光目想想看有什么办法可以使她脱离恶道之苦。

光目听了母亲这席话之后，悲恸得放声大哭，为了不使母亲再度沦落恶道，当下便发下了广大的誓愿：只要能使母亲永远脱离三恶道、贫贱及生为女人之苦，她愿意在往后的百千万亿劫中救渡一切沦落三恶道的受苦众生，直到所有众生都成佛后，她才成就佛果。而这位事母至孝的女子光目，即是后来的地藏王菩萨。

佛陀曾对弟子们开示：“即使以堆得如天一般高的财宝来布施，所能获得的福报仍然比不上真心孝养父母的福报。”此外，佛法也说，为人子女者应将诵经、持咒或勤修善法的功德回向给父母，可使现世父母业障消除、福慧增长、发菩提心，也能使过去世的父母往生善道和净土。

从这个故事中我们可以看出，光目因为其至诚之心，坚定地做着一切能够利益母亲的行为，终于将母亲救拔出恶道之苦。其关键是“至诚”与“坚定”。同样的，当面对家中病苦的父母时，若能依照佛陀所说，勤修一切善法、勤作一切善事，回向给父母，并且效法光目的至孝精神，以使父母脱离痛苦为本怀，便能因此忘记自身的苦，甘之如饴地侍奉年老的父母，而不再对他们做出种种不孝的行为了。

慧：消极行孝，积极孝行

一旦有了坚定孝养父母的决心，碰到难以面对的难题，或者遇到诸如上例那位行为完全无法自主的老先生时，若能一心不乱地冷静思考，必能定中生智，找出适切的解决办法。例如：在经济能力许可的情况下，聘请钟点看护或外籍看护来协助照料，以分担沉重的照顾责任。即使经济能力不许可，也可以善用公共资源，让居家照护员适时分担照顾责任，使家属获得喘息空间，舒缓紧绷的压力。或者也可以与家中的兄弟姊妹或亲人商量，以轮流的方式承担照顾责任，既可避免因情绪崩溃而对老人家做出不孝的行为，也使兄弟姊妹实际参与并承担照顾责任，因而更能体谅、理解彼此的心情与感受，而不再互相指责。

若说恭敬奉养父母、顺从父母是一种消极的孝行，那么使父母得到心灵的平静与至乐，便是一种积极的孝行。有关这一点，佛陀也以其言行作了示范：

悉达多太子成佛之后，有一天在定境中，预知父亲净饭王即将不久于人世，心中生起极大的悲伤。不久后，王宫中的使者果然带来了净饭王病危，希望能见佛陀最后一面的旨意，于是佛陀便带了几位弟子赶往王宫，对意识仍然清楚的净饭王述说了念佛三昧。佛陀告诉父亲，若能一心不乱且持续地系念佛号，必能往生佛国净土，并能改变一切诸恶，成就大慈悲。净饭王依着佛的说法，一心念佛，果然获得心灵的平静、解除面对死亡的恐惧，终能双手合掌、面带笑容地往生西方净土。佛陀不仅告诉父亲心灵平静之道，并且在父亲往生后，亲自为父亲抬棺。换言之，不论在胜义谛或世俗谛上，佛陀都圆满了身为人子的孝行。

从以上故事可以看出，我们在世俗上或许可以通过顺从父母、极尽所能地孝养父母来承欢膝下，然而父母因老病所承受的苦或心灵上的苦，却非人子所能承担。因此除了一般世俗的孝行之外，为人子女者若能在父母老年时依照他们的兴趣，为其报名老年大学的各项课程，或安排一些与愉悦精神相关的活动，使父母得以安顿内心，生活“有所事事”，生命有目标、有活力，如此也可尽量避免年老失智的憾事发生。那才是一种更具智慧、更上乘的孝行。

看看别人，想想自己

不论释、道、儒各家或世界上的各大宗教，几乎都将孝道奉为至高无上的真理，然而对于这项真理，人们却是知道的多，做到的少。从现在开始，我们是否该好好回想并检视一下，平日与父母相处的各项细节，看看自己到底“尽孝”了吗？

以下是自我改善的方法，做到的请画○。

1.（　）与父母意见不同时，能心平气和地说出自己的想法，也不流露出任何不耐烦的神色。

2.（　）与父母同住时，即使不能晨昏定省，至少要告知行踪，准时回家。

3.（　）当父母因年老而失忆或心智昏蒙时，绝不弃养，应积极照护。

4.（　）与父母不同住时，经常打电话问安，随时关心父母的衣食起居与健康状态。

5.（　）已就业者，能每月固定奉养金钱，确保父母衣食住行样样无虞。

6.（　）成年者，应积极就业、经济独立，绝不成为任性颓废的啃老族。

7.（　）当父母年老而行动不便时，能随侍在侧或安排恰当的照护者，陪同就医。

8.（　）尽量不将自己的责任交由父母承担，例如：承担债务、弃养子女并转嫁到父母身上。

9.（　）能够早晚问安，逗父母开心，主动关怀父母的需要。

10.（　）积极协助父母获得心灵的平静，并安排各项活动使父母获得身心灵的安顿。

个案分享

他山之石，可以攻错！借助别人的经验，将能帮助我们成长。

个案一

半夜，平瀚正在房里专注地玩在线游戏，妈妈加班后回到家里，既累又困，看见儿子只顾着上网，连一点家事也不分担——水槽里的脏碗没洗，洗衣篮里堆满了衣物，气得破口大骂：“我们是单亲家庭啊！为了养你我已经够辛苦了，你就不能懂事点，帮我分担一点家务吗？”平瀚生气地回嘴：“我也不想生长在没有爸爸的家庭啊！我上网只不过是在排遣郁闷的心情，你以为我很好过喔？”

念头

我的朋友们都相约去看电影或去夜店跳舞，我没有钱和他们一起去，心情已经够郁闷了，只不过是在家玩一下网络游戏，既省钱又可以排遣郁闷的心情，妈妈一进门就叨念我，烦死了！碗没洗、衣服没洗有严重到要一进门就骂人喔？她为什么都不想想我的心情？

转念

我真的很对不起妈妈，这十几年来她独力抚养我长大，真的是已经心力交瘁，明明知道她加班很累，我还不懂得帮她分担家务，只想通过在线游戏排遣郁闷的心情，我真的很不孝。家里的钱不够用，使我不能跟朋友出去玩，这根本不是妈妈的错，我把所有的错都怪到妈妈头上，还对她发脾气，天哪！我到底在做什么？

结果

我决定最近积极地去找个打工的机会，一来减轻妈妈的经济负担，二来也可以为自己存点零用钱，以后就可以用自己的零用钱跟朋友出去玩了。此外，以后我一定会主动留意家里有没有我可以分担的家务，顺手将那些家务事做完，妈妈回家后就可以好好休息了。

个案二

静敏的婆婆因为中风所导致的半身瘫痪而下不了床，

既没办法自己走进厕所如厕，也没办法自己洗澡，吃喝拉撒全都要人照护，也必须在房间里解决。自从婆婆卧床后，就由静敏和小姑轮流照顾。这一天晚上，轮到静敏为婆婆洗澡，她走到婆婆房门口，先站在门外深呼吸几口气，再慢慢走进房里，一进房门，便桶里的屎尿味扑鼻而来，那一刹那，她真想夺门而逃，但是她忍住了。

念头

天哪！我真的好不习惯这个味道，我真的好不习惯为老人家洗澡。不是我不想孝顺婆婆，可是这味道真的令人作呕，万一我在她老人家面前干呕出来，岂不是大家都很尴尬吗？可是我又不能假装那个味道不臭，或假装没闻到，如果可以选择，我真不想做这些事。

转念

哎呀！我怎么能那样想呢？想想，我的孩子自从出生之后，都是由婆婆把屎把尿一手带大的，当时婆婆不嫌孩子的屎尿臭，把孩子当成心头肉来疼，从来没喊过一声苦，她为我承担了照顾孩子的沉重责任，我没有感恩她就算了，怎么可以在她需要照顾时逃开呢？再说，最尴尬难受的人是婆婆自己，我怎能只顾着自己的感受？

结果

从现在开始，我决定要好好体贴婆婆的感受与需要，我会打理好婆婆的卫生需求，方便婆婆使用，让她觉得干净舒适。照顾她时，多跟她聊聊，以免婆婆尴尬，更帮她打打气。日后在婆婆健康允许的情况下，多带婆婆出去走走，让她接近大自然与清新的空气。

个案三

达德与父亲一起回家，到了公寓门口，他三步并作两步地一口气奔上三楼，开了门，进到屋子里，留下因小儿麻痹而行动不便的父亲一人在楼梯口，先是将两支拐杖挂在右边肩头，左手攀扶着楼梯扶手，吃力地一阶阶往上爬，足足花了两分钟，总算气喘吁吁地进了家门。从小，他就是看着爸爸这么上下楼，对这一切感到习以为常，从来没意识到自己是否该为爸爸做些什么。

念头

从小，即使爸爸不良于行，也从不开口要人帮忙，他总是要我先上楼开好门等他进门。他一向把自己照顾得很好，我不觉得这有什么不好，即使没有人协助，爸爸什么事都可以自己处理，反正从小就是这样，我不觉得这有什么不对。

转念

我长大了，爸爸老了。小时候，因为力量太小，我帮不上太大的忙，只能先帮爸爸开好了门等他，但现在，爸爸已不如过去健壮，两条臂膀也不如过去有力，我也不再如同过去般是个手无缚鸡之力的小孩，我怎么就没想过可以在他不方便时帮他做些什么呢？我怎么这么迟钝？当爸爸不开口求助时，并不代表他不需要帮忙啊！

结果

从今以后，我要在爸爸上下楼梯时为他拿着拐杖，好让他空出两只手，更轻松地上下楼；我要在他出门或回家时帮他穿脱鞋袜、换上拖鞋；同行时，我要走在他前方，为他留意前方的路况，提醒他闪避障碍与湿滑的路面；我更要时时留意爸爸的需要，每当他需要我时，主动上前关怀与协助。从今以后，我不再是过去那个被动的孩子！

个案四

雪晴的妈妈长期照顾需要定期洗肾的爸爸，十年下来，身心俱疲。爸爸去世后，雪晴发现妈妈的生活与言行开始出现异状，妈妈容易胡思乱想、疑神疑鬼，成天觉得身体不舒服，常要求姊妹陪着去医院看医生，甚至已经在吃“解忧宁”这种抗忧郁症的药了。

念头

爸爸去世后，妈妈一人独居，我很担心她因为生活没有重心，一个人成天这样胡思乱想，会不会想不开？医生检查过，其实妈妈身体并没有什么问题啊！我们姊妹各自有家庭要照顾，也不可能整天陪在妈妈身边，该怎么办呢？

转念

既然妈妈的身体没有大碍，当务之急，是帮助妈妈走出老年丧偶之痛，找到生活的重心、让心有所依，这样妈妈才能走出忧郁，回复她开朗的天性。只要妈妈的心恢复健康，人一定也会更有活力。

结果

我在妈妈家成立一个修心研修点，并邀请姊妹亲友邻居定期来研讨分享。几个月下来，妈妈在点滴进步中，妈妈笑声变多了，分享时话语也变多。有一天，妈妈在课程一开始时突然哽咽流泪，我才意识到：妈妈内心变得柔软、开朗活泼，生活有动力，也恢复了生病前自己坐公交车上街购物的自由身。看到妈妈从忧郁中走出来，我真的很高兴，也更积极地想要去帮助有相同困境的人，希望有更多的人能和妈妈一样从黑暗走向阳光！

个案五

佳琪是护理科学生，在医院实习期间，所照顾的病人中有一位精神病患，他的脾气非常暴躁，时常打人骂人拳打脚踢。一起实习的同学对这位病患都很排斥，也用很粗鲁的动作在照顾他。今天轮到佳琪为这位病患做鼻胃管护理。

念头

怎么这么不配合，我可是来照顾你的，你不说谢谢就算了，还拳打脚踢的，这样我怎么做护理？你不停动来动去，到时候把你弄痛了，可别怪我！遇到这样的病患真是倒霉啊！

转念

看着他身上插满了管子，他一定很不舒服。我的工作就是照顾病人、减轻病人的痛苦，怎么还计较他的态度？如果他是我的亲人，那我会怎么想呢？我一定会觉得很心疼。

结果

当我把这位病患想成是自己的亲人时，手上的动作不知不觉变得轻柔了。没想到这位精神病患竟然也渐渐安静下来，主动配合我帮他做鼻胃管护理，最后我还看到他流下了眼泪。原来老师所教的“侍病如亲”就是这样，只要打从内心真诚付出，他人是感受得到的。

慈智法师法语

父母恩重实难报　体贴亲心图孝养
正法报恩最究竟　观功念恩方是福

以现世来说，身体是父母给我们的，所以父母是这一生对我们最有恩的人。母亲怀胎十月当中害喜时呕吐，即使行动不便仍一举一动小心翼翼，避免伤害到胎儿；乃至生产时，都是冒着生命危险才把孩子生下来。生下我们时，又像宝贝一般疼爱，这中间的扶养过程是不眠不休的。若孩子深夜哭闹，母亲立刻警醒，彻夜守着孩子，宁愿自己饿着冷着，也舍不得孩子挨饿受冻；还会不时以手轻抚孩子，甚至用口吸取鼻涕、亲手处理排泄物。若我们身体稍有不适，母亲坐立难安，食不知味、睡不成眠，恨不得代我们受苦。在生长过程里，母亲耗尽一生的青春年华心血，对我们的恩德真的是深似海！那应如何报恩呢？

很久以前有位辞亲学道的比丘，经过一段苦行修练，最后证得阿罗汉果。凡是与这位比丘有缘者，他都显现神通力尽量救拔，唯一遗憾就是没有办法救渡自己堕落在无间地狱的母亲。有一次，他在禅定中看到国王被亲生儿子杀害篡位，也同时看到太子七日以后绝对堕到无间地狱，受罪的地方和自己母亲正是同一个处所。于是比丘应此因缘大显神通，化身至王宫的墙壁上。当时正值深夜，新登基的国王在睡眼蒙眬中看到墙上的比丘，因为作贼心虚而以为是鬼魅，所以立即拔刀，但不论怎么砍就是没办法伤害到比丘，刀剑反而弹落地上。国王很震惊地清醒过来，看到比丘态度安详没有任何反扑，知道这比丘是位圣者，所以跪地忏悔：“尊者请原谅我的鲁莽。”比丘于是告诉国王：“你造了杀父的五无间罪，七天后必定死亡，且将堕无间地狱。”国王听了以后非常惊恐，哀求比丘救渡。比丘说看来你只好一心一意持诵南无佛、南无佛，仗着佛力的加持免于受罪。果然第七天，国王真的下堕到无间地狱，因为一心念佛，所以神识在地狱仍非常清明；也由于佛号无边、佛力无边，当下一声声的南无佛令地狱顿时化现为清凉世界，狱中的罪人包括比丘的母亲，都净除了过去的罪业，从地狱中出脱。

母亲与我一样自出胎之始，即有苦乐受和哭笑饮食等本能，生时已带来前生具备的贪瞋痴，以致昏头转向、举步蹒跚，常行于颠簸险崖之境。不断被四洪水，即生、老、病、死的海浪冲击着。因此愿我有能力救拔父母亲出脱，让他们解除烦恼、不造恶业，进而造善因得善果。经中亦云：“若父母无闻教令闻，无戒与戒教授，不思维使令观察，悭贪教令好施，无智慧教令黠慧，如是信如来至尊，教信法获乐教授，令父母获得究竟安稳处。”也就是说，以正法法水灌溉父母恩德田，方为究竟报恩之道。

二、拜托！别再乱了！

观察思维，检查自心，当下圆满

有许多重大灾难，往往是“一时不察”，也就是心“散乱”所造成的。譬如：瓦斯炉上正在烧着开水，电话突然响起，你接起电话，朋友在电话那头邀你去看电影，你一时不察，忘了自己正在烧开水，急急忙忙换了衣服就出门去了，任由瓦斯炉上的水壶继续空烧；轻者烧坏水壶，重者酿成火灾，而这一时不察便是散乱所致。散乱是心并未专注在当下所作的事情上，导致事情无法圆满完成，严重者可能会影响自己与他人的生活，甚至生命……

依据科学研究，人类的短期记忆大约可以维持三十秒。在这三十秒的短暂时间内，这个记忆如果没有被刻意地复述、强化，便会如同风卷残云般飘散于九霄云外，并被进入脑中的下一个讯息所取代。这时，如果有一件非常重要的事情正待处理，就极有可能发生无法收拾的严重后果。

例如前述事件中的主角，因为忘了炉上正在烧着开水，万一引发火灾，不仅将因此造成自己与他人的财物损失，甚至可能伤害人命。综观人类社会，有众多灾难事件皆起因于散乱所造成的疏失，因此散乱绝对是个不容小觑的生活习性。

想要“戒除”散乱，我们应将手头所有的事务区分成“紧急并且重要”、“重要但不紧急”、“虽紧急但不那么重要”、“既不重要也不紧急”等四个步骤，一心专注地依照先后顺序加以处理，便能避免陷入散乱的危机。

情境

曾有一位因打球扭伤右脚踝的病患前往某教学医院就诊，由一位知名骨科医师为他进行手术，没想到当他自麻醉中清醒时，赫然发现左脚裹着厚重的纱布，这才知道受了伤的右脚没得到医治，反倒原本完好的左脚白挨了刀。虽然事后院方紧急为他的右脚补做手术，却使得他两脚完全不良于行，只能卧床等待复元。

根据调查，在骨科手术纠纷中，有百分之五十六是因为开错部位，百分之三十六是手术方式错误，百分之八是开错病人。其余的外科手术中，平均每四个开刀人次中也会发生一起医疗纠纷。在这些乌龙手术中，只有百分之五点四能于手术前及时发现错误并加以更正，有百分之四十八在手术进行中发现错误，至于其他的百分之四十六则是直到手术后才发现错误。让人不禁要问，这究竟是怎么回事?

没错，就是“散乱”所肇的祸。事实上，在医师看诊时的计算机纪录、护理人员的术前准备，到实际进行手术的过程中，有许多环节可以进行确认。如果护士、手术助理、麻醉师及医师都能善尽职责，做好层层把关，当下圆满每个环节该做的事，这些医疗疏失便不会发生。

戒：远离散乱——不要再乱了

佛陀在教导弟子们达到涅槃的三无漏学中，以“戒”为一切修行的基础。而佛教所谓的戒，可粗分为五戒、八戒。广义而言，就是指“诸恶莫作，众善奉行”的意思。

“散乱”这个行为是许多人共有的习性，表面上看来，它并不像杀生、偷盗、邪淫、妄语、饮酒的行为一般具有明显“恶”的特质，但实际上，这个行为所导致的后果就似上述的例子，是足以要人命的。所以我们应该将它视同为“恶”，戒慎恐惧地面对它并戒除它。

有一个修行人在修行多年后，心始终是散乱的，无法安住于定境，佛陀知道了之后便告诉他：“你之所以散乱，是因为没有将‘随时会死’的念头放在心里所致。”国王听到了这段话，心里产生了很大的迷惑，心想：“修行真有这么简单吗？”刚好，身边有一个人正在批评出家人，国王便命令随从将他逮捕，给他一只盛满了热油的碗，命令他端着那只碗沿着街廓走一圈，如果热油一滴都没漏，便免他一死。与此同时，国王刻意在他所行经的路途上安排了一些歌舞伎乐的表演，想测试他是否会因此分心而将热油滴落下来。

这人戒慎恐惧地端着碗，一路小心保护着，总算一滴不漏地走完全程。国王问他："这一路上你有没有听见什么声音或看见什么人呢？"他说："没有。"国王说："怎么可能呢？这街上明明有嘹亮且美妙的音乐以及姿态动人的美丽舞娘，你怎么可能既没看见也没听见？"这人说："我一心求生，只要稍微分心漏出一滴油，便性命不保，我光是顾着这碗油都来不及了，哪能注意到旁边的那些歌舞伎乐呢？"

同样的道理，如果你的生命只剩下一天，当面对生活中的繁乱时，便会知道有哪些事情是必须立刻处理，而哪些事又是不值得一顾的。一旦懂得区分出所有事务的轻重缓急，按部就班地一一加以处理，便不会任由那些事务搅成一团乱麻，剪不断，理还乱。

至于上述例子中的医护人员，如果能将每一次手术视为"要命事件"，将每一位病人视为那一碗一旦漏出一滴便足以致命的油，他们能不戒慎恐惧地谨慎面对每一位病人、每一次手术吗？

从现在开始不妨想想，在一天二十四小时中，你是如何度过每一分、每一秒的呢？你的心有专注在每一件当下的事情上吗？试着闭上眼睛静坐三分钟，看看“心”都在想些什么？是否无法安住，只能任由想法纷飞、奔驰打转？那该如何让心安定、不散乱呢？

定：定神看清楚

有一则知名的公案是这么说的：

源律法师问大珠慧海禅师：“禅师，您在修行佛法时是否用功呢？”慧海禅师说：“用功。”源律法师：“您是怎么用功的呢？”慧海禅师：“饿了就吃，困了就睡。”源律法师：“这怎么能算是用功呢？每个人都是这样的啊！难不成所有人都和禅师您一样用功吗？”慧海禅师：“他们和我不一样。”源律法师：“怎么不一样呢？”慧海禅师：“因为一般人在吃饭时并不好好吃饭，脑中总想着一大堆需索与欲求；他们在该睡时也并不好好睡觉，心中总是充满了各种计较，这就是我与他们不同之处。”

的确，如果我们随意找个人问问：“刚才吃饭时你都在想些什么？”、“昨晚睡前你都在想些什么？”肯定多数人都会提出各种各样的烦恼与想法，很少有人能够如慧海禅师一般时时保持在禅定的状态。

所谓的“定”便是时时活在当下，该做什么便做什么，一心不乱。譬如：当行走在马路上时，我们不应该边走路边想着事情，相反的，我们要完全专注于走路这件事情上；扫地时，也别挂心着晚餐该准备些什么菜色，只要专心扫地就好。即使无法阻止脑中的杂念，当念头生起时，至少要做到不追念头的功夫，也就是让念头如一阵风般自由吹过，而不试图去追逐它或捕捉它。譬如：当我们在吃饭时，脑中突然冒出老板所交代的一项任务，接下来便毫不自觉地一边嚼着饭菜，一边思考该如何执行那项任务，甚至幻想当任务圆满达成时，老板可能会给予什么奖励，这就是所谓的“追念头”。当我们开始追念头时，就表示并未专注于当下吃饭这件事情上，也就离“定”越来越远了。

以上述例子中的医护人员而言，如果在执行手术前、手术中、手术后的每个环节与动作时，都能遵守操作规定流程，将心专注于当下所该执行的步骤上，便可避免因散乱所造成的医疗疏失。譬如：麻醉医师在进行麻醉前的评估时，必须一再地与病人确认手术部位，别分心去做或想别的事情；手术助理在为病人进行术前评估时，必须耐心且确实地在病人患处做好记号，别赶着去探视下一个病人而忘了这个重要的步骤；医师、手术助理和病房护士，在动刀前应彼此互相提醒并确认手术部位，千万别只顾着聊天或想着心事而疏忽了任何一个细节。

当我们了解散乱心所可能造成的伤害，便该努力保持一心不乱，让心安住在每个当下，时时观察思维、检查自心，一发现恶念头生起，便止住它，不追逐它。此外，我们还必须建立“圆满当下”的概念，那就是“一心不二用”，该烧水时便专心烧水，别离开炉火去做别的事情；该改进的习性或错误，当下便去改进它，做事绝不拖延懈怠。如此一来，便能拥有越来越清明的头脑与思维。

慧：重建自他安稳自在的生活

佛法告诉我们，戒能生定、定能发慧。也就是说，当我们能时时专注于当下、念念分明，“定”的功夫日深一日，智慧便能随之提升。如果内心安稳，就如稳定的灯火能照彻黑暗看清事物。同理，面对烦恼的迷雾，唯有具足慧学的能力，方能知道生命正确的取舍之道，如实当下圆满。

生活中点滴累积的“智慧”来自于错了马上改。一般世间产品，如果做错了、做出有瑕疵的、做出消费者不需要的，孤芳自赏也没用，没有人会买，始终就是赔钱。我们所有要的好处，都是“做”来的，而且是为他人、为大众做，所以其间必须不断“改”善。一旦知道了，尽己所能该做多少尽量做，该改多少尽量改，而成为具足善妙等流的“智者”，可以照亮自他的生命。所以当我们注意到散乱的祸患，就会看不下自己的散乱，当下把“散乱”制止。同时对于他人的散乱，也会因为悲愍的胸襟，而力求帮助他人改善。我们的智慧眼目，就是在这般如实圆满的每个当下中开启，而能行自利利他之事。

曾有人说过这么一个故事：有一位年轻人自大学毕业后，踌躇满志地立下了许多远大的目标，但过了几年之后，却依然一事无成，于是他垂头丧气地去寻找一位智者，请求智者为他指点一条明路。智者听完他的满腹委屈之后，微笑地直指墙角的一把大水壶及炉灶对他说：“先别急着烦恼，你先帮我烧一壶开水吧！”

于是这位年轻人便提着水壶出门去，他先在壶中装满了泉水，同时捡拾了一些枯枝回来烧水。由于壶很大、水很满，水还没烧开，柴火便熄灭了；于是他只好再出门去捡柴，等他回来时，那壶水已经凉了。这回他并没有急于点火烧柴，而是出门去捡回更多的柴，经过一波三折，终于把水烧开了。

这时，智者问他：“如果捡不到足够的柴，你将如何把这壶水烧开呢？”年轻人想了半天，想不出答案，便摇了摇头。智者于是对他说：“当柴不够时，何妨将壶里的水倒掉一些呢?”

智者的意思是，这位年轻人虽然满怀雄心壮志，但不具备充足的实力，也并未将自己准备好，就如同妄想以极少的柴薪烧开一大壶水一般，可是由于这位青年一味耽溺于低落的情绪中，任由自己的心散乱着，连简单的道理都悟不出。事实上，要将这壶水烧开，要不就倒掉一些水，要不就多捡些柴。换言之，青年若想获得成功，要不就得放下一些不切实际的幻想，要不就得努力培养自己的实力，除此之外别无他法。

同样的情况也适用于医疗人员，如果开刀房的医疗人员能够专注于每一次的手术，并且在一次次的经验中熟悉手术的各个环节与技巧，便能培养出顶尖的专业，不仅能得心应手地执行每一项细节，也能够应付各种紧急状况；不仅不容易出错，一旦手术中出现紧急状况时，也不至于因为慌了手脚而造成失误。

看看别人，想想自己

既然散乱将造成种种不便与伤害，何妨让我们一起想想，如何打击散乱这位敌人，摆脱那一双制造乱源的黑手吧！以下便是改善散乱的具体方法，请从以下几项基本动作开始做起，一旦能够做到之后，再自行延伸出属于你个人专业领域的有效方法。

以下是自我改善的方法，做到的请画○。

1.（　）不乱放东西，将每样物品摆放于固定的位置。

2.（　）使用任何物品后马上归位，千万别想着等一下再收。

3.（　）随时保持周遭环境干净整齐。

4.（　）随身准备记事本，纪录待办事项，并定时检视是否已经完成。

5.（　）将事情依轻重缓急做好规划，妥善管理时间，不要拖拉。

6.（　）一次专心做一件事情。

7.（　）做完一件事，检查确认完成之后，再去做下一件事。

8.（　）开车时，不要滑手机或讲电话。

9.（　）每天花一点时间，检讨反思。

10.（　）每天晚上睡觉前，把隔天所需用的物品先准备好，或者写纸条提醒自己。

个案分享

他山之石，可以攻错！借助别人的经验，将能帮助我们成长。

个案一

有一天下午，妈妈出门前特别吩咐小君："如果下雨了，要记得把阳台上的衣服收进来呀！"当时小君正认真地看着韩剧，胡乱回了声："嗯！"便继续专注于剧情。不知是男主角太帅还是剧情太吸引人，乃至天空下起了大雨，小君竟浑然未觉，等到发现时，阳台上的衣服早就都淋湿了。

念头

天气虽然有点阴阴的，但看起来还好嘛，雨不可能说下就下的，妈妈真是紧张大师，害我错过了剧情。反正不管下不下雨，只要我回答"嗯"，妈妈就不会再烦我了，这样我才能好好看我的电视。其他的，等看完电视时再说吧！

转念

我真的很对不起妈妈，明明看到天气阴沉，却因为贪看电视而忽略了妈妈所交代的任务。如果我再警觉一点，就能够及时听见雨声，不至于连累妈妈将那些衣服重洗一次了。其实这些节目都会安排回放，就算错过了部分剧情，只要回放时再看一次就行了，我何必把事情搞成这样呢？

结果

经过这件事之后，日后我应该慎重看待他人所交代的事情，遵守承诺，圆满每一件当下该做的事情，成为一个负责任的人。

个案二

一早，惠敏正准备开车载孩子上学，才听见车门“砰”的一声，她就急着开车右转，这时突然听见孩子在后座大叫：“啊！妈！我还没坐好……”回头一看，女儿的一只脚还悬在右车门外，而车门根本还没完全关上。

念头

那一声“砰”不就是关门的声音吗？听到关车门的声音，我当然马上就开车上路啦！以前不都是这样子的吗？什么事也没发生过。我甚至没回头确认孩子是否已安稳坐好，一心只想着时间快来不及了，再不上路，上班上学都要迟到了。如果我当时的速度再快一点，或者立即转弯，女儿的脚可能因此受伤，后果不堪设想。

转念

以前，看着电视新闻播报出一则又一则因散乱所导致的意外事件时，我虽然心里不免唏嘘，但总觉得那些都是别人家的事。直到这一次因为一时的散乱险些酿成大祸之后，我才惊觉到：若非幸运之神眷顾，我们可能也因此成为电视新闻中的主角。过去，我只觉得自己是个注重效率、快手快脚的人，全然没注意自己的心时时处在散乱之中；从今以后，我要专注于当下所作的每一件事情上，不再让散乱侵占我的心！

结果

这一次事件无异于当头棒喝！使我深刻意识到，日后不论开车或做任何事时，务必要保持耐心与专注。逃过这一次，不代表下次还会这么幸运。从此，我将对“散乱”生起深恶痛绝之心，尊重生命，下定决心，痛改前非。

个案三

香香面包店的领班对美霞说：“那些刚出炉的面包还没冷却，千万不可以叠起来，否则面包会扁掉喔！”美霞虽听在耳里，但似乎并没怎么放在心上。有一天，她因为急着将工作做完，好赶去和男朋友约会，没等面包冷却下来，就将它们一个个叠起来，导致面包都被压得扁塌，无法上架，最后只好以罚钱收场。

念头

虽然面包还有一点微温，但是我想应该没关系吧！反正差不多就快冷了，只要赶快将它们叠起来，完成我的工作，我就可以赶去和男朋友约会了。

转念

师傅辛苦做面包，我应该用心记住领班的话，别急着在面包还没冷却时将它们叠起来，使得那些面包统统不能卖，不仅浪费，更糟蹋了师傅的辛劳。日后，我绝不因为“自以为差不多”而纵容自己的散乱，以致辜负他人的用心。

结果

我应专心聆听别人的教导，小心谨慎地完成手上的每一件事情。

慈智法师法语

散乱等于埋地雷　迟早一定会引爆
犹如自他置险地　唯有禅定能伏之

在贤劫第三尊佛“迦叶佛”教化的时代，有位弟子请教迦叶佛：“昨天晚上我做了一个梦，在梦中看到一只大猴子对着众多小猴子讲法。”迦叶佛说：“这种情景不会发生在我的时代，却会在第四尊佛——释迦牟尼佛教化的时代中出现。”

所谓释迦牟尼佛教化的时代，就是我们这个时代。看看我们的心，可不是总是处于不安且如同猴子般躁动吗？现代人在面对各种处境时，经常显得无计可施、横冲直撞、手忙脚乱，这种如同野马般的“散乱心”，确实在生活中处处形成乱象、造成破坏。因此佛陀教导我们要观察思维、检查自心，让心恒常安宁自在、处之泰然。即便只是处理一件小事，我们也该要求自己当下圆满地“做”与“改”，即“做”应做的事情、“改”该改的错误，一件一件按部就班加以完成，如此慢慢地养成善妙习惯，不但将因此增强自信心，也能避免散乱心所造成的伤害。唯有如此，才是身心安乐之道！

三、财富应援团

知足惜福，难舍能舍

海边沙滩上，有座富丽堂皇、栩栩如生的壮观城堡，但当潮水高涨，浪潮旋即吞噬这座沙堡，海水瞬间冲刷摧毁了它，沙堡终究夷为平地。钱财本来是身外之物，但是在物质当道的现代社会，大部分人不惜一切来追求如沙堡般的钱财，这样的价值观是值得反思的。你期待变富有吗？你对富有的定义是什么？我们来看看《佛说越难经》当中的这则故事吧！

在佛住世的时代，波罗奈国中有一位越难长者，拥有非常多的珍宝、牲畜、田宅。然而他虽富有，却非常悭吝，并且完全不信道德、布施那一套，每到临近傍晚时，便会命令仆人关上大门，并且交代守门人，如果有人上门乞讨，一律将他们赶走，什么都不准给。他儿子栴檀在耳濡目染之下，也熏染了父亲悭吝的习性，一毛不拔。

越难长者往生后，再度投生于波罗奈国，成为一位盲妇的儿子。盲妇于怀孕之时，因为家贫，被先生赶出家门，雪上加霜的是，她所生下的儿子也是两眼全盲。毫无谋生技能的盲妇，只能靠着乞讨养大儿子。

在儿子七岁时，盲妇便要他拄着拐杖外出行乞。有一天，小男孩行乞到了栴檀家门口，因为守门人擅离职守，小男孩便自行走进这户大宅的中庭，这时栴檀在楼上听到了声音，大骂守门人，守门人既惊又怒，便把小男孩拖到门外，重重摔在地上，小男孩不仅头脸都受了伤，右手也折断了。这时这户人家的门神对小男孩说："你今天所受的痛苦还算是轻微的，往后还有更大的痛苦等着你，这是因为你过去在世时为富不仁，虽有钱却悭吝不拔，不懂得布施穷苦人家，所以今生要来受这么多苦。世间的财富如浮云，转瞬即逝，由于你有钱时不懂得布施，如今一无所有，也只能任人欺凌了，等你死后还有更大的苦等着你，那时再来懊悔又有什么用呢？"

佛陀经过此处，用手摸摸小男孩的头，小男孩身上的伤瞬间痊愈，甚至因此记起了自己的前世。佛问他："你的前世是越难长者吗？"小男孩说："是的。"佛陀转身对阿难说："看看人生在世有多么无明愚痴啊！不过才隔世，这一对父子彼此相见却不相识。"接下来，佛陀继续开示道："人生在世时，一会儿求子，一会儿求财，经常为了这两件事担忧苦恼，却从没想过人生最终连生命都保不住，更何况是子嗣与财富呢？就如同夏日时于树荫下暂时栖止休息，一会儿之后便得离去，这就是所谓的人生无常。"

是的，生命是无常的，财富也是无常的，不论此生拥有什么，我们充其量不过是个管理员，暂时经手财富或人生中的幸与不幸，无论多么执着，到了命终之时，终究一无所有。因此，世俗的富有并不是真的富有，一旦身故时，除了一身的善恶业之外，其实什么都带不走。

情境

惠妮年轻时经营贸易公司，在那个经济刚起飞的年代，只要努力就有钱赚，由于她为人踏实、苦干实干，再加上擅于投资理财，因而累积了可观的财富，在不到六十岁时，已拥有超过一亿的身家财产。二〇〇八年，金融海啸席卷全球，她所投资的许多理财商品都受到波及，资金瞬间缩水到仅剩四千万元。

对大多数人而言，四千万元不是个小数目，但惠妮并未看到她所拥有的四千万元及多笔房产，只一味将焦点放在已损失的六千万元上，因此，她意识不到自己仍然比多数人富有，甚至罹患了严重的忧郁症，多次住院治疗却无法痊愈，一度瘦成了纸片人。在病况最严重时，她吃不下也睡不着，因为自觉不久于人世，于是将所有资产转移到独生女的名下。后来在医院采取了电击疗法，终于使她摆脱了重度忧郁症的困扰，但也因此损及记忆，连回家的路都认不得，还得努力复健，重建过去的记忆。

惠妮一生汲汲营营的结果，竟使自己成为金钱的奴隶，明明仍然富有，却看不到自己的富有，甚至因此平白在鬼门关前走了一遭。

戒：财富不是罪，贪执才是！

人们常说："钱够用就收手"，但是多少钱才"够用"？面摊老板娘说："有一千万，我就收摊不卖了！"工厂老板说："给我赚到一亿，我就可以享清福了。"但是，等赚到一千万、一亿，他们真的会放手吗？显而易见的，这个数字将随着欲望水涨船高，不断修正，永远没有追到的一天。

台湾"经营之神"王永庆先生，凭借孝顺、勤俭、刻苦奋斗的精神、踏实稳健的理念，建立了跨国版图的企业王国。他的财富何止千亿，早就远远超过"够用"的额度。在一口气上不来之后，一生勤俭刻苦所累积的财富，非但分文带不走，反而变成家族分裂的祸端。王先生真正留给家人的最珍贵资产，是其孝顺父母、勤劳朴实的典范。

佛法并非叫人不能拥有财富，而是劝人不执着于"追求"财富，也不执着于"财富"；佛法并未要人不能成为富人，而是劝人要善用财富来做些利他的事情，为自己累积善业。换言之，富有与执着是两件不一样的事情，不能相提并论，因此，我们应戒慎恐惧的，并不是财富，而是执着，是一味地追求而不知餍足，是因贪执而吝于布施的心态。

以惠妮而言，因为一味地追求财富，而过度执着于所损失的六千万；贪执如同眼翳，障蔽心眼，让她看不到在金融海啸席卷下仍保有的四千万及房产。盲目的贪执引发了她的忧郁症，使她饱受病苦折磨，险些连命都保不住。如果她能不执着于已失去的，就会看到自己所拥有的，也就不至于沦为金钱的奴隶了。

定：走出向钱看齐的迷思

在物质当道的现代社会，几乎大部分人生活的重心，都是在追求外在的享受。一个人若没有正确的概念，只知向钱看齐，一味追求五欲，就如同打造贪欲的沙堡，汲汲追求权势财富，但为人却自私自利，即使得到一时显赫的地位、家财万贯，在追求过程中，却是连怨结仇造作万端祸事，遭人唾弃，而穷得只剩下钱，失去人生的尊严和意义。更何况一旦无常到来，辛苦打造富丽堂皇的沙堡，将被高涨的海水瞬间摧毁、夷为平地。真正为自己着想，就要有正确概念。经典上说："知足之人，虽卧地上，犹为安乐；不知足者，虽处天堂，亦不称意。”正所谓知足常乐、知福惜福，不盲目追求五欲，才能获得内心真正的安乐。

曾获选为《福布斯》杂志二〇一〇年亚洲慈善英雄人物第四十八位、《时代》杂志二〇一〇年最具影响力的时代百大人物之“英雄”项目第八位的台湾菜贩陈树菊，是一位令人肃然起敬的慈善代表人物。陈树菊小学毕业时，因为家贫而中断学业，开始卖菜，并一肩扛起家中的经济重担。她不仅一路拉拔着弟妹长大成人，并支持哥哥念到大学毕业，至今未婚。由于从小家境贫寒，她几乎一天只吃一餐，每天的餐费最多不超过一百元，这个习惯一直持续至今而未改变。虽然生活刻苦，但她已捐出善款近一千万新台币。她在接受《读者文摘》专访时说：“我把钱看得很淡。捐钱帮助人，那天就会睡得特别好，心里有说不出的快乐。”此外，她也说：“每天早上睁眼就觉得，啊！又赚到一天！”对于金钱，她的态度是：“钱，要给需要的人用才有用。东省西省就能省出很多钱，钱放到忘记，就有钱了。”

陈树菊的故事之所以感动世上无数人的心，在于她不仅不贪，也没有因过去的贫穷而死抱着钱不放，让自己养成悭吝的习性，反而刻苦到几乎忘我，宁可省吃俭用，也要把省下来的钱用来帮助其他贫苦的人。她一路走来，始终并未执着于物欲，而是热衷于助人。反观惠妮，如果能多看看这些人的故事，应该会觉得自己已经很幸福，更可能起而效法，看淡身外之物，进而在有生之年多行善事，享受超越金钱的另一种幸福。

慧：给出生命的富足

佛教仪式中有一项制作“沙坛城”的传统，在举办法会期间，由多位经过严格训练的喇嘛以十四色细沙制作而成。沙坛城不仅色彩缤纷，其细致程度甚至比传统的工笔画有过之而无不及。最令人赞叹的是，在耗时甚久终于制作完成的那一刻、通常是法会圆满日，会在传统的仪轨之下立即以刷子将沙坛城撢除，使得一幅原本美丽非凡的精致沙画迅速在眼前化为一堆杂色沙丘。

沙坛城，既象征着本尊的智慧与威德，也是一幅展示宇宙真理的沙画，更是“无限的大宇宙”和“内在小宇宙”相印的空间。在刚开始绘制沙坛城时，是由内而外的，这象征着宇宙万物莫不来自于自心本性；撢除时则是由外往内的，象征着万事万物皆是由外而内消融于自性当中；而整座沙坛城从开始绘制到撢除的过程，则揭示着物质世界成、住、坏、空的无常本质。

若将绘制沙坛城的过程比喻为人生，其撢除的过程则是能够“万缘放下”的智慧与自在。既知到了生命终点时，我们什么都带不走，何不及早解除对于物质的执着与缠缚，在拥有财富时，以“难舍能舍”的智慧，多多布施，进而体验如同陈树菊女士一般的自在与快乐？

瑞典化学家阿尔弗雷德·诺贝尔，是炸药的发明者。他在读小学的时候，成绩一直是班上的第二名，第一名总是由一位名叫柏济的同学所获得。有一次柏济生了一场大病，无法上学。有人私下为诺贝尔感到高兴，对他说：“柏济生病了，以后的第一名就非你莫属了。”但是诺贝尔并不因此而欢喜，反而将这段期间上课的内容做成完整的笔记，寄给因病无法上学的柏济。到了学期末，柏济的成绩还是维持第一名，而诺贝尔依旧名列第二名。诺贝尔长大之后，成为一位卓越的化学家，并改良炸药，用在铁路工程和铁矿的开采，大大降低岩石爆破和开挖山洞的成本。诺贝尔因此取得全球超过三百五十项的发明专利，在二十个国家中设立了九十三家工厂，累积了巨大财富。诺贝尔终生主张和平，也因此对于自己改良的炸药日后被作为破坏及战争的用途，始终感到痛心。拥有天文数字般财富的诺贝尔，终其一生没有结婚，他在死前预立遗嘱，捐出财产设立诺贝尔奖基金。诺贝尔不愿把财产分配给亲友们，他认为：如果留下过多的钱财，那是奖励怠惰，反而成了阻碍才能发展的祸害。在当时，他的资产价值约四百万美元，等于现今一亿七千三百万美元，用其孳息作为奖金。从一九〇一年开始，每年奖励国际上对于物理、化学、生理医学、文学及对人类和平有重大贡献的人，至今已超过一百年。诺贝尔名闻世界，可是当他的哥哥要他写自传为家族增添光彩时，诺贝尔始终拒绝，他说："我不能写自传，在宇宙中有恒河沙粒那么多的星球，无足轻重的我们，有什么值得写的呢?"他认为自己做的一切，只是为人类做一点点该做的事情而已，怎能以此为自己换取荣誉呢?

万法唯心造！诺贝尔认为："有钱不能使人幸福；幸福的泉源只有一个，在于使别人得到幸福。"正因为全然以利他为导向，诺贝尔开阔的心胸与乐于分享的伟大情操，不但创造了伟大的事业，也留给后人无限的怀念与景仰。

回头看看惠妮，当她在病况最危急时，因自觉不久于人世，遂将所有的资产移转到独生女名下，在那个当下，她形同一无所有，既知如此，当初又何必执着于那失去的六千万？如果她能及早开始行善及布施，培养利他的胸襟，即便遭遇金融海啸也冲击不了她的内心。可见如果以利他为前导，即使五欲当前，我们自有抵挡诱惑的能力，而能作出正确的抉择，转个方向，愿意我给多行布施利他，积极朝正向阳光而努力，这才是真正能带得走的生命资产！

看看别人，想想自己

你执着于金钱与财物吗？你并不穷，却悭吝得一毛不拔吗？你一心想变富有，但你之所以想变富有，为的全然是物质享受？此时此刻，何妨停下来想一想，你究竟是一个心灵富有的巨人，或是一位穷得只剩下钱的心灵侏儒？

以下是自我改善的方法，做到的请画○。

1.（　）我不会用薪水的高低来评价自己或衡量他人。

2.（　）我不要为了存款簿上的数字，而牺牲了陪伴孩子成长的时间。

3.（　）购物的时候，我会问自己："这是我所需要的吗？还是只是想要？"

4.（　）当羡慕别人的境遇时，我会提醒自己知足常乐。

5.（　）赚钱不是人生唯一的目标，提醒自己人生还有很多面向需要经营。

6.（　）早在孩子还小时，我就经常带他去当志工，让他及早养成行善的习惯。

7.（　）我不忘留意身边需要帮助的人，随时伸出援手。

8.（　）我总是拨出一定比例的收入，捐助给弱势或慈善团体。

9.（　）我乐于担任志工，帮助有需要的人。

10.（　）在从事志工或捐款助人的过程中，我不去计较可以获得什么好处。

个案分享

他山之石，可以攻错！借助别人的经验，将能帮助我们成长。

个案一

台湾九二一地震发生后，当时学明假借募款之名，私设一个未获主管机关认可的捐款账户，公开在报刊媒体上刊登募款讯息，借此骗取不知情民众的善款并纳为己用。在监督机制尚不完备的情况下，学明浑水摸鱼，趁乱骗取民众的爱心，他骗得过社会大众，骗得了自己，但他骗得了业吗？

念头

人无横财不富，在到处都有人热心捐钱的情况下，我若不趁乱骗点善款下来，要等到哪一天才能有钱呢？反正只要随便取个与知名慈善团体类似的名称，鱼目混珠，然后再去开个户头，接下来就可以坐着等钱从天上掉下来了。更何况，有这么多人在浑水摸鱼，又不是只有我一个人这么做，有什么关系呢？

转念

不靠真本事或自己的努力所获得的金钱，虽然得来容易，但是，这样做到底对不对？想到有那么多人在九二一地震中死亡；有那么多人承受着家破人亡、流离失所的痛苦；有那么多孩子失去父母家人，成为无怙无依的孤儿，我怎么忍心再去瓜分这些善款呢？更何况，就算骗来的这些钱让我舒舒服服地过了这一生，但死了之后万一真的有报应呢？为了这一生的富有，可能得受千万年的地狱之苦，怎么算都不划算！再说，这些钱可以帮助灾民在伤痛中重新站起来，好好地活下去。仔细想想，我不仅不能这么做，连这些坏念头都不能动。

结果

我要为自己曾经生起这样的恶念深自忏悔，希望老天爷能赦免我因无知所犯下的过错。我不仅要忏悔，还要捐出自己存款的二分之一，此外，我还要利用假日到南投灾区去当志工，协助灾后重建的工作。此后，我再也不生起这样的恶念了！

个案二

“叮咚！”电铃声响起，淑芬慢条斯理开了门，对门的林太太站在门口，客气地对淑芬说：“缅甸遭热带风暴重创，我们想发起募捐，所有善款都是专款专用，而且还会开收据，不知你愿不愿意共襄盛举？”淑芬说：“呃……这个啊！呃……我早上才去划拨捐款？！而且，我们公司也发起捐出一日所得，我已经捐了不少了？！”林太太说：“喔！那太好了！祝你功德无量！”其实淑芬并没有捐出一毛钱，她的说法纯粹只是为了打发林太太，怕的是林太太再继续说下去，自己若不捐点钱，颜面上会挂不住。

念头

我不像林太太那么有钱，她干嘛来找我捐钱啊？热带风暴又不是发生在我家门口，关我什么事？况且全世界都在捐钱，善款已经多到淹脚目了，又不差我这一点点钱。我不过是一个上班族，每天省吃俭用，辛苦持家，每一分钱都是好不容易一点一滴积攒下来的，不像那些做生意的，动不动就是几百万几千万地赚，像我这样的平凡人，好好把自己的日子过下去就好了，不干我的事，我什么都不想管啦！

转念

虽然我的薪水不多，存钱也存得很辛苦，但缅甸本来就是个贫穷的国家，人民的生活过得非常困苦，更何况在这么大的灾难之后，他们的日子一定更不好过，连吃顿饭都有困难。看到灾区民不聊生的样子，再怎么说我都比他们富有多了，日子过得也比他们好多了，跟他们比起来，我有房子住，有饭吃，有工作做，还有一些存款，这样怎么能算穷呢？我不能以这种穷人的心态来看待别人的灾难，是我的悭吝让我变得贫穷，甚至不惜说谎，我要改变自己这种负面心态！

结果

我马上就出门去划拨捐款，而且以后我要多多留意身边是否有需要帮助的人，必要时伸出援手。此外，我每个月要从剩余的金钱中拨出一定比例去捐赠给需要的人，有能力捐钱给别人，证明我是富有的，我还有什么好舍不得的呢？

个案三

泽维和太太经营安亲班，从早到晚埋首于工作中，一心要赚到钱，每天都忙到晚上十点多才能回家，三餐也几乎都是在外解决。回到家，夫妻俩累得只想睡觉，如果这时孩子的表现有些不顺己意，疲惫的身心也只能以责骂的方式来处理。将近二十年间，看似赚进不少钱，但是当他开始想要回归家庭时，却发现孩子或是处处跟他唱反调，或是对他的态度非常冷漠，小儿子也因为成长过程中的挫败而出现愤世嫉俗的性格。

念头

我这么爱我的家人，这二十年来每天埋首在工作中，总是忙到晚上十点多才回家，连好好吃一顿饭的时间都没有，这全是为了想要给家人保障、可以过更舒适的生活，难道有错吗？孩子们竟然是这样回报我的？

转念

我说自己爱孩子，但是他们连见到我、和我说说话的时间都没有，这样怎能培养出亲情？回想起有一阵子儿子在学校遭到霸凌，我虽然隐约知道，却因为忙于工作而没有好好陪他走过这一段，这件事造成他内心很大的创伤。想想：与其多赚钱给儿子用，真的还不如把时间精力拿来教育孩子，帮助孩子健康正向地成长。我决定从现在开始，不再向钱看齐，要好好地经营亲情。

结果

我减少自己的工作时间，也让太太留在家里打理家务。我带着儿子一起上心灵成长课程，父子俩也一起投入义工的行列。改变生活方式后，我才了解自己以前追求的方向错误，再怎么辛苦地绕，最后还是什么都没有；唯一为自己赚取的，只有一大堆的恶业。现在的日子跟以前向钱看齐的日子比起来，虽然银子少了，但是全家人都变快乐了。差别就在于：现在的日子是向着有光的方向前进，所以现在是真正向前看齐了！

慈智法师法语

身心恒常置入欲海中　“贪”财色难以自拔
陷入软绵绵浑然不知　人生方向何去何从矣

《百喻经》中有个“白银与毒蛇”的故事。有一次，佛陀和弟子阿难走在路上，佛陀忽然说：“阿难，有毒蛇啊！”阿难探头一看，原来是树下有一堆闪亮的白银，于是也回答：“是的，世尊，是毒蛇！”两人就视若无睹地走过去了。后面一对父子听见对话，起了好奇心，也探头去看个究竟：“哇！哪里是毒蛇？是一瓮银光闪闪的白银啊！”父子俩高高兴兴地把白银运回家，并且拿到市集去尽情花用，没想到却因此惹来杀身之祸。原来，这些白银是窃贼从国库中偷出来的，藏在荒郊野外想等风头过后再拿出来花用，那对父子在不知情之下花用白银，所以被认为是偷取国库的重犯。虽然白银非毒蛇，但伴随而来的贪欲之毒却比毒蛇更恐怖！

我们每个人几乎都渴望快乐与财富，于是穷毕生岁月去追求。事实上，“钱”在现代社会对于追求生活舒适或许有用，但是终究无法解决所有的问题，反而因为有钱而制造更多的问题。像时常发生的贪污案、揩油、走后门，比比皆是。因此追求五欲永远无法满足；纵然寻得时，也绝对没有想象中的美好。但是得不到自己所要时心中就失望不已，无法快乐。因此无庸置疑，让人无法享受真正快乐的罪魁祸首，绝对是来自“贪欲”。但我们总是很难认清事实，即使尝尽各种苦头、面对诸多危难，依旧不能觉醒。犹如骆驼喜欢吃有刺的灌木，吞下越多的刺，就涌出更多的鲜血，但就是不想放弃，还继续埋头地吃。难怪佛陀会说：“世间人所有的悲苦，都是来自错误的欲求，以及无法满足欲望的心!”

其实，快乐是一种心灵的宁静状态，其基础建立在感恩和自我净化之上。人们对于容易获得的人、事、物，总是视为理所当然，甚至滥用践踏，直到失去时方心生感念。此即意味当人人想拥有快乐之时，也应生起他人待我有恩，且思欲图报才是。其次，快乐来自净化内心的理性状态，并非情感的冲动或生理的嗜求。分辨觉察心所引导的“精神我”是具有智慧坚毅的声音，绝不同于以往“外在我”的喧哗迷惑声。由此洞悉真理和虚假自我的真相后，方能得到幸福快乐的生活。

四、生命就该浪费在忙乱的事务上？

将心安住在每一个当下

你忙碌吗？相信许多人面对这个问题时都会回答："是的，我很忙。"但是你忙些什么呢？是真忙还是瞎忙？让我们来看看以下这个实验：

在一堂与管理学相关的在职训练课程上，讲师取出一只广口玻璃瓶，将备妥的鹅卵石一颗颗放进瓶子里，直到装满为止。然后问在场学员："请问这只瓶子装满了吗？"大家异口同声地说："满了。"讲师说："真的吗？"随后拿出备妥的小碎石，边倒边摇晃玻璃瓶，使碎石填满鹅卵石的缝隙。接下来讲师又问："这次，满了吗？"学员们面面相觑，全场鸦雀无声。于是讲师再拿出一小瓶细沙，将细沙慢慢倒进瓶子里，并且再一次问学员："请问，瓶子满了吗？"这次有个学员大喊："还没满！"于是讲师拿出一瓶水，将水倒进玻璃瓶，直到水漫出瓶口为止，这次瓶子真的满了。

这个实验给了我们以下两个启示：

一、假设这只瓶子是"时间"，当你想要善用这只瓶子时，记得先放入最大颗的石头，然后依次放入更小的石子或沙子，否则一旦你先放入小石子或沙子，这个瓶子就再也装不进大石头了。而这个实验中的大石头代表的是人生或工作中较为重要或紧急的事情，越小的石头或沙子则越琐碎或不重要。换言之，如果想要善用时间，最需要的就是先安住自己的心，稍微安住一下、稍微停看听一下，才能因为停看听，看清何者是人生中的大石头、小石子或小沙子，作出正确的排序抉择。

二、当我们觉得很忙碌时，那可能只是一种借口，或者是因为我们从未检查并重新整理自己日常处理事情及运用时间的方式，以至于平白浪费了许多时间而不自知，就如那只刚装完鹅卵石的玻璃瓶，看似是满的，其实仍然有许多空隙。

情境

美华正在写明天要向客户提案的企划案，突然手机响起，妈妈在电话那头交代她下班时帮忙买几包有机黄豆回家。就在她讲手机的同时，桌上电话响起，她示意同事帮忙接一下，同事代接电话后，隔空对她说："王总打电话给你，要你回电。"她点点头，继续和妈妈讲电话。讲完电话后，她回到工作上，盯着计算机屏幕打字，把回电的事忘得一干二净。

企划案做了一半，午餐时间到了，同事们邀她一起出去吃饭，她毫不考虑地背起包包就和大伙一起出去吃饭了。回办公室时，她发现计算机已经关机，当她重新开机后，发现那份企划案的档案不见了，惊慌失措地问留在办公室吃便当的同事："我的档案怎么不见了？刚才发生了什么事？"

同事说："因为夏季用电量太高，造成电力系统超载，刚才断电了十五分钟。你没把计算机设为自动存档吗？"

"没有啊！我忘了。完蛋了，明天就要提案，我一点都想不起来原本写了些什么。现在只剩下半天时间了，我怎么可能做得完呢？尤其那份企划案中还有许多附件和数据需要准备。完蛋了，我来不及了啦！"

同事提醒她："早上王总打电话给你，你回电了吗？""糟了！我忘了。"

她迅速拿起电话拨号，王总秘书在电话那头对她说："王总本来想问你有没有可能将提案时间提早到今天下午，因为今早有一组广告公司人员前来提案，王总对他们的提案与报价非常感兴趣，他希望在今天下班前能定案，在做最后决定之前，他说还是给你一次比稿的机会，你今天下午可以来提案吗？"

美华当场愣住，完全答不出话来。最后她不仅丧失了提案的机会，更因此而情绪低落，甚至当她失魂落魄地回到家时，还因为忘了买黄豆，被妈妈数落了一顿。

戒：谨守内心，不随外境而转

现代人进入所谓科技时代，忙乱是大家共同的生活写照，终日显现的就是忙得不可开交。时常出现的画面就是：办事时行色匆匆，来来往往总是一脸倦容。由此窥见我们的心灵少有片刻能得“空暇”，等于将时间都交给忙乱，让自己像陀螺一般转得眼花缭乱、晕眩不已。是否应该停下来看一看、想一想，好好地停看听，找出生活中忙茫盲的乱源，重新打理脱序的生活呢？

在印度有如佛陀第二的阿底峡尊者，提到戒行的首要就是“密护根门”，也就是眼耳鼻舌身意这六根要谨慎守护，不可以放任随便跟着外境跑。如果能够密护根门、守好六根，每个考验来临的时候，就能保有清醒的头脑，依循次序作出正确的取舍与判断。

以美华为例，她因为容易分心，因此当过多信息忽然同时涌入时，她便不知如何处理，偏偏她又大而化之，从来不试图去解决个性中的弱点，常常使得事情变得更忙更乱。以她那天所处理的几件事：写企划案、回电给王总、吃饭、存档、帮妈妈买黄豆来看，除了写企划案及回电属当务之急，其余的事相较之下只能算是“花絮”。尤其存档这件事，只要她能及早将计算机设定为自动储存，根本就不能算是一件事。

若要克服个性上的弱点，她需要让心安定下来。当事情一件件来时，不要盲目地来一件做一件，她可以学习区分事情的轻重缓急，作出适当的排序并且备忘下来。有许多的方法都可以实际运用来妥善管理时间，例如著名的“艾森豪威尔矩阵”，依重要性和紧急性为轴，将工作分成四个象限，依序是：①既紧急又重要，②重要但不紧急，③紧急但不重要，④不重要又不紧急。同时也可以将待处理的事项写在便利贴上，以颜色区分这些事情的重要性。将这些便利贴贴在计算机屏幕边框或办公桌的隔屏上，每当处理完一件事，便将便利贴撕除。最重要的是，当她手上正在处理一件事情时，除非发生了更紧急的事，否则绝不分心去做其他的事，把心定在当下正在做的事情上，如此一来，她便能有条不紊地处理好每件事。一旦她的心不被忙乱所占满，就能从容自在，更安定、更有智慧地面对人生中的每个片刻。

定：“中道”才是王道

游乐园中有旋转木马和离心咖啡杯，让我们比较一下，乘坐在这两种器材上面的游客，看到的是什么景况？乘坐旋转木马时，游客可以轻松地欣赏园区风景，忽上忽下观看物景移动，心却也是飘飘忽忽、悠悠缓缓。若是乘坐离心咖啡杯时，因快速旋转看不清外面高速移动的景象，自身也被转得头晕脑胀、无法思考。现实中我们是用哪一种模式在工作与生活呢？旋转木马的过度安逸或离心咖啡杯的晕眩失衡，这两种都是错道，都会让我们的心灵失去清醒。

佛陀有位弟子叫二十亿，当他开始修定时，不是过度紧张、就是散乱松懈，所以一直很难趣入。于是二十亿就请教佛陀，佛陀问二十亿："你在家做何行业啊？"二十亿回答："伎乐师，擅弹琴。"佛陀就问二十亿："你弹琴时，琴弦如果太紧怎么办？"二十亿回答："那就要放松。"问："如果琴弦太松时怎么办？"答："拉紧；弹琴时，琴弦是要松紧适中才能弹出好乐曲。"佛陀说："没有错，修心也是如此，心弦不能太松也不能太紧，要松紧适中。"二十亿从此依照佛所教导的方法修行，最后终于解脱了所有烦恼，证得阿罗汉果。可见不论做任何事，都要调心、让心松紧适中，保持心灵清明，如此中道而行，才能有好的结果。

佛法不离世间觉，若将"中道"视为生活的准则，我们就该持守中道，在面对生活或工作时，既不过分忙碌紧绷，也不过分怠惰放逸。以上述的美华为例，她既是个瞎忙的例子，也是个过度放逸的例子。她之所以瞎忙，在于当许多事情在同一时间发生时，她并未立刻将它们纪录下来，甚至全部忘失，她看似在同一时间处理许多事，却样样都没做好。她之所以放逸，在于不懂得区分轻重缓急，不管事情重不重要，她统统都未将心专注于事情上。最后，她企划案没写成、提案没提成，黄豆也没买成，简直是事事忙、事事漏。

美华的心若保持着清明与安定状态，她会因为只顾着和妈妈讲电话而忘了回王总的电话吗？她会只顾着和同事出去用餐而忘了存档吗？她会因为情绪低落而忘了帮妈妈买黄豆吗？即便在面临众多事情时，只要在每个当下把该做的事情处理好，例如：在写企划案的过程中不忘时时存档，便不怕遗失档案；在接到两通电话时，先将这两通电话所传达的讯息纪录下来，她便知道购买黄豆是下班后的事，因此她应该先回王总的电话。若她先回了王总的电话，便能得知必须提前于下午提案，当同事邀她出去用餐时，她或许会请同事帮她带便当回来，将时间省下来专心地赶完企划案。如果她能有效率地在极短的时间内赶完企划案，或许便可避开断电的危机而免于遗失档案，更不会错过提案的机会了。

慧：生长于禅定沃土上的智慧之花

因为忙碌，我们很容易让心处于躁动不安的状态，或执着于自以为是的忙碌，以至于失去清明的智慧与觉察力，身陷业力之网而不自知，在《四分律行事钞资持记篇》中有一则故事：

从前，波罗奈这个国家中有一个非常喜爱黄金的人，为了买更多黄金，他总是勤奋地到处赚钱，绝不放过任何一个可以赚钱的机会。在日积月累之下，他所积攒的黄金越来越多，他将金子放入瓦坛中，每天爱不释手地赏玩着。由于他对于金子十分执着，担心有人会来偷走，于是便在家中偷偷地挖了一个地窖，用来藏放他的金子。他不断卖力工作，省吃俭用，待人待己都十分悭吝，因此积藏了更多黄金，最终累积了七坛金子。不过，也因为他如此废寝忘食地工作着，身体终于日渐衰弱，最终死于一场大病。

因为对于金子的贪执，他死后投生为一条毒蛇，日日夜夜缠蜷于地窖的七坛金之间守护着，如此历经了一万世，世世皆投生为蛇。有一天它终于觉醒，感叹生生世世都如此，实在好累啊！于是毒蛇决定放下贪著，离开了它长久守护的七坛金与地窖，躲在路旁的草丛中发出声音，试图引起路人的注意。正巧一位路人经过，毒蛇便向路人说出自己的心愿，希望能将一坛金子供养给寺院里的出家人，请路人帮助它完成心愿。路人同意了它的请求，以扁担担着它和金坛来到了一座寺院。僧众欢喜地接受了供养，并且为它讲述佛法。听了僧众的开示之后，毒蛇心生欢喜，便将其他的金子全数供养出来。因为这样的供养功德，才转世为人。他便是佛陀的十大弟子之一——舍利弗尊者。

在以上这则故事中，爱金人因为爱金成痴，以至于从来未澄心净虑地思考过生命的价值，一天到晚汲汲营营、忙忙碌碌地追逐更多黄金，贪欲却始终没有餍足的一日，直到忽然觉醒的那一天，生命终于有了转机。

同样的，我们此生虽生而为人，但我们的心与爱金人或那条蛇又有何不同？只是他所贪爱的是金，我们则忙着追逐物质世界的名闻利养、爱恨情仇，若不能定下心来，看清楚外在的物质世界本是一场空，我们便会如同爱金人，死后还投生为蛇，继续守护着他的黄金。一旦我们只知耽溺于自己的执着当中，便不能生起智慧，从智慧中窥见生命的灵光。

以美华为例，之所以镇日行色匆匆疲态毕露，打心底也是希望通过这样努力付出，能得到幸福快乐，但为何会事事忙、事事漏，一筹莫展？可见追求的方式，不是一味地瞎忙，把自己当成工作的机器。如果转个心念，把每一份工作看成可以服务他人、给他人方便的机会，那么美华排序的考虑就会不同了：我还有一些事务尚未完成，不能不处理，没有告一段落会耽误对方。以这样的心境来做企划案或回王总电话，那时候心境清明、头脑就不会浑沌，能作出正确排序，所以彻底改变心态非常重要。否则自己忽而忙碌紧绷，忽而过分怠惰放逸，就会因为一个电话没响应、一场午餐邀约造成的延误，错过了提案的机会。

与其事事忙、事事漏，不如把事情看清楚。当我们害怕耽误他人，想要把事情做好时，就懂得区分轻重缓急了。每件事情一件一件有求好的心态去做而且圆满当下的话，这样的生活绝对紧凑而不会忙乱。在清醒而且都是给人方便的前提之下，工作的意义与价值从此而生，快乐自心中泉涌而出，这生活是每一个人向往的啊！

看看别人，想想自己

你忙碌吗？或者只是茫乱？如果想要摆脱既茫然又混乱的生活，请从下列的方法开始做起吧！

以下是自我改善的方法，做到的请画○。

1.（　）为了克服健忘，我总是随身携带笔记本或录音笔，随时将重要的事情纪录或录音下来，并时时检查是否已处理完。

2.（　）当同一时间有许多件事情需要处理时，我能先抛开紧张的心情静坐一下，理清先后顺序之后再依序处理。

3.（　）为了克服分心或混乱的习性，我一次只处理一件事情，并将其他较不急的事情纪录下来，待处理完手上的事后再做下一件事。

4.（　）当手上有待处理的事务时，我绝不给自己“等一下再做”或“明天再做”的机会，以免养成懈怠的习性。

5.（　）当我专注忙碌于一件事情时，会适时地停下来静坐一下，并重新审视先前的工作是否有漏失或需要加强之处。

6.（　）每晚就寝前将隔天所有必须处理的事情回想一遍，订出六个优先级，隔天依序执行。

7.（　）在忙碌当中，我会尽量维持情绪的平稳，不让自己陷于情绪化或紧张的状态中，并且尽量少言，以免产生不必要的问题与冲突。

8.（　）我常常判断错误，弄不清楚事情的轻重缓急，为了克服这个缺点，我会去请教别人，多多参考别人的意见后再做决定。

9.（　）在工作中，我不分心去烦恼私事；在下班时间里，我也不让心胶着于公事中；工作时工作、休闲时休闲，时时活在当下。

10.（　）当私事与公事二者皆面临“当务之急”时，我会妥切地安排好公事上的职务代理人，确认事情得以顺利进行，并安心且专注地处理私人或家庭中的事情。

个案分享

他山之石，可以攻错！借助别人的经验，将能帮助我们成长。

个案一

善为在电话中和女朋友约好了一起吃晚饭，没想到才刚挂断电话，老板便交给他一件紧急任务，要他帮客户修改一个计算机程序，而且下班前就要完成。他心里急得要命，一路埋头苦干，忙到连同事的说话声都听不见，总算在下班前将程序修改完成并传送给客户，开心地去赴女朋友的约会。才在餐厅里坐定，点好餐，手机便响了起来，老板气急败坏地在电话那头说他修改的程序有问题，要他立刻赶回公司协助解决。于是他丢下女朋友独自用餐，急匆匆地赶回办公室，一整个晚上，他一会儿修改程序，一会儿拨电话给客户，一会儿打电话向老板回报，搞到三更半夜，不仅一口饭也没吃，女朋友也气得不和他讲话，搞得自己两面不是人。

念头

老板的命令如军令，女朋友的命令如圣旨，任何一个都不可违背，好吧！我就赶赶看，一定要把两件事都圆满了才行。

转念

要在这么短的时间内将计算机程序修改完成实在是太困难，为了不违逆老板及女朋友的意愿，我根本来不及检查改好的程序就急匆匆送出去，导致错误百出，两边都不讨好。其实我根本应该向老板据实以告，请老板再多给我一些时间，或者将晚餐的约会延期，加班把事情做好，这么一来，在这两件事之间，我至少能够做好其中一件，而不至于像现在这样把两件事都搞砸了。

结果

以后，我绝不要再为了讨好别人而随便允诺一些自己做不到的事情，也不再为了交差而马虎行事。以后在面对困难时，我将诚恳且诚实地把问题提出来，再也不做好好先生了！

个案二

璧如早上十点半开车出门，这一趟路她得赶着办完几件事，首先她得带刚满周岁的女儿上卫生所去打预防针，其次她必须去缴停车费。此外，晚上公婆要到家里来用餐，她必须到市场去买点菜，并且在中午十二点前赶到家，因为她不想错过她最爱的电视节目。

时间有限，她以最高速限行驶在马路上，经过一处缴费点，匆匆忙忙地停好车，拿着钱包与账单去缴费，缴完费走回车旁，这才发现她刚才下车时忘了拔钥匙，但车门已经自动锁上了。这下惨了，眼看着车内的温度越来越高，而她女儿还在车上。

念头

天气虽然有点热，但缴费要不了多少时间，反正女儿睡得正甜，一时半刻还不会醒过来，先不吵醒她，也不必抱她下车，这样可以节省一点时间，反正我没打算买东西，很快就能回到车上。

转念

都怪我太心急，一时忘了拔钥匙，我怎么这么糊涂，缴费明明不是最急的事，我何必急着在一天内把这些杂事办完呢？再说，如果不是为了赶着回家看电视，时间其实很充裕，我就不会因为匆忙下车缴费而忘了拔钥匙了。等消防队员到场帮忙打开车门时，车内温度不知会高到什么程度，女儿这么小怎么受得了呢？

结果

以后我绝不再不分轻重缓急地把所有事情挤在同一个时间来做，也不再为了看电视这种小事去和时间赛跑，否则在这种状态下开车，不仅容易出意外，时间太赶也容易丢三落四、搞砸事情，有百害而无一利。

个案三

明俊刚从大学毕业，好不容易谋得一份工作，薪水却不多，他离家在外，薪水扣除房租之后，只能吃不饱饿不死地活着，他甚至没有多余的钱可以置装或孝养父母。为了摆脱贫穷的窘境，他兼了数份工作——除了正职之外，一大早去送牛奶，晚上再去快餐店打工。有一天清晨，他在送牛奶的过程中因为太累，骑车骑到睡着，撞上了路中央的隔离带，导致大腿骨折，这下他只能乖乖休养，等待痊愈。

念头

我要在五年内存下人生的第一个一百万，再用这笔钱来创业。五年内，只要能多赚点钱，叫我做什么我都愿意，反正再辛苦也不过就是这五年；只要能赚到人生的第一桶金，以后就能过比较像样的日子了。

转念

人生虽然要有目标，但也该量力而为，像我这样身兼数职，虽然赚得比别人多一些，但这些钱却是拿命换来的。幸好我这次只是摔断了大腿骨，没丢了性命，多亏老天保佑，万一没了命，爸妈该有多伤心呢？这次的经验教会我，钱虽然重要，但生命更重要。虽然我未来仍会努力谋求更好的人生，但不会再如此践踏自己的生命与健康了。

结果

以后我会找个可以自由调配时间的弹性兼职，并且在经济能力和健康许可的情形下去上一些职业训练课程，培养自己的第二技能，使自己在职场上拥有更强的竞争力。先前兼了三份工作，看似多赚了些钱，但那些工作对于我在职场上的竞争力完全没有加分作用，五年后就算拥有了一百万，在专业上却没有多少长进，实在是浪费时间。以后，我要把时间用在更值得的事情上！

慈智法师法语

一张羊皮无法同时做皮衣与水袋　一个人无法同时脚踏两条船

鱼与熊掌难以兼得　应取对自己未来乃至生生世世有帮助之事

一位即将前往朝圣祈福的远行者，在市集巧遇朋友，朋友送他一张上好的羊皮。远行者认为这张羊皮拿来做皮衣或水袋都很合适；朋友提醒他想清楚，一张羊皮不能期望要拿来做皮衣、又要做水袋，只能择其一，到底他真正需要的是什么？一旦决定，不管裁剪或缝制，都得依这个决定去进行，否则最后皮衣不成衣、水袋不成袋！就像针要拿来穿线缝衣，不能两边都是针头，这样是没办法拿来穿线缝衣的。一个人无法脚踏两条船，我们的心也是如此，不能一心二用，就像有学生为了打工却荒废学业，有人辛苦赚钱却忽略了家庭生活，这都是在追求或努力的过程中迷失了方向，反而离真正的目标越来越远。远行者因此领悟到，是否亲自去朝圣已不那么重要，每个当下检查自己的起心动念，确认所做的是与真正离苦得乐的目标一致，等于时时都得到朝圣的加持。毕竟时光点滴消逝，无法重来，所能掌握的只有在每一个当下啊！

五、揭开人间的幻术——无常

过去心不可得，现在心不可得，未来心不可得

“人生无常”是许多人耳熟能详的一个语词，但什么是无常呢？简而言之，就是变动不居的意思。人生犹如一座海洋，恒常涌动着一波波浪潮，始终都在动荡变化着，从来没有静止的时候。

在《别译杂阿含经》中，佛陀曾经问波斯匿王：“如果有一个人从东方来，他禀性正直，从不虚伪狡诈或欺骗别人，很得大众的信赖。有一天他对您说：‘现在东方有一座大石山，顶天立地，并且从东方不断往此地移动过来，凡是它所经过之处，不论是林木、花卉或所有动植物都被摧毁粉碎。此外，南方、西方、北方也是如此，当四方的大石山在同一时间向舍卫国挤压过来，又没有任何山洞或地穴可供躲避，届时诸天、龙神、人、鬼及各种动植物全都会粉碎毁灭，非常可怕。’当碰到这样的事情时，有什么方法可以幸免于难呢？”

佛陀开示道：“人世间的无常就如同这四座大山一样，其中的‘老山’能够毁坏青壮时期旺盛的神态与气色；‘病山’能毁坏一切强健的肉体；‘死山’能摧毁一切的生命；‘衰耗之山’能毁坏一切荣华富贵，使得妻离子散，骨肉分离，钱财散失。大王，这四座大山总是如影随形地追逐着人们，不断毁坏人们赖以生存的物质世界。在无常面前，唯有如法修行，除此之外，再也没有其他办法了。”

对大多数生活稳定且安逸的人们而言，或许偶尔曾经耳闻老山逼近的轰隆之声，偶尔因为一些小小的病痛而略窥病山的相貌，但对于死山及衰耗之山则恐怕大多是毫无警觉的。但是当我们规律地日出而作、日入而息，每日吃喝拉撒睡，仿佛日子终将这么一路安稳地过下去时，无常却往往在猝不及防当中猛烈来袭，就如一支在黑夜中点燃的蜡烛，一旦遇上风雨或外力侵袭时，刹那间便会熄灭。

情境

惠英生长在一个虽不富有但温馨的家庭中，家人感情很好，也没有太多的争执纷扰，生活既稳定又和谐，可是自从父亲罹患了重病之后，恶业之网便开始笼罩在这个家庭的上空。首先，父亲因为无力负担庞大的医药费，又不想带给家人负担，以投河自尽的方式结束生命；不久之后，妹妹被一位闯红灯的酒驾者撞上，一命归天；接下来，弟弟骑机车时，为了闪避一位违规跨越安全岛的行人，机车打滑撞上安全岛，整个人凌空飞起，坠地后撞断颈椎，送医不治；最后，哥哥在浴室洗澡时因不小心滑倒撞到头，晕了过去，整个人栽到蓄满水的浴缸里，不慎溺毙。短短六年内，家里走了四个人，而且都是在毫无预警的情况下死于非命，令剩余的家人都活在愁云惨雾之中。

但恶业并没有就此收网，惠英的母亲平日为人带小孩贴补家用，就在家里发生了这许多事之后，竟连刚带不久的一名婴儿也猝死于家中，且查不出死因。之后，惠英的母亲更因为罹患肝癌，在极短的时间内往生。惠英此时心境真是无比恐惧，为了寻求心灵的安顿，惠英开始修行佛法，祈能消灾解难，又积极做志工行善，为的是累积福报。没多久，惠英竟也遭到轿车撞击，整个人卡在轮下，所幸只扭伤了脚踝。又过了一阵子，有一辆卡车在超车时不慎擦撞了她的机车左后视镜，将她连人带车拖行数十公尺，使得机车车头全毁，所幸她除了扭伤脚踝之外，毫发无伤。

如果你不相信一个家庭竟可以在短短数年内发生那么多事故，如果你以为以上的情节是虚构的，那就错了。这个故事主角是真有其人，如果你就是故事中的惠英，要怎么看待死无常？该怎么做好准备？又该如何走出恐惧，正向积极面对人生？

戒：阎罗王的三封信

我们往往认为未来的日子将是平安无事，必能维持现状，但这样的执常概念却会让我们忽视周遭的警讯，以致当死无常降临时，惊慌失措、后悔莫及。事实上，我们生命如同业风中的烛火，不管蜡烛再粗再大，随时都会熄灭。

有位年轻人向阎罗王喊冤：我怎么这么年轻就死了，真是不公平！阎罗王说：你太糊涂了！其实我寄了三封警告信给你。当你的好朋友生病死的那天，就是我寄给你第一封警告信；你的堂兄在街上行走时，被一辆汽车给撞死，这就是我寄给你的第二封警告信；你和同事到海边游玩，忽然来了一个猛浪，把你的同事卷入海中，这就是我寄给你的第三封警告信。我都警告你这么多次了，你还是没有感觉，我还能怎么办呢？年轻人终于看到：他每天都在充满病菌的空气中呼吸、在危机四伏的车阵中穿梭、在天灾人祸中苟延残喘，真的生活中处处是死缘啊！阎罗王"无常"的信随时都充斥在你我生活中，你收到了几封？

古有明训："天有不测风云，人有旦夕祸福"，世事真的难以预料！就像我们看到的：有的孩子在爬的阶段就死了；或者年轻人、壮年人也有突然死亡的；更有人今天还胸怀大志、满腹理想，但是第二天就起不来了，所以死亡并非老年人的专利。既然死无常随时会到来，那么在面对生命结束之际，我们是否已经准备好了？

佛陀说："生与死，就像日出和日落，来得快，去得也快！"人世间就是这样地无常、苦短。"业感果"的现象只有悲惨或较幸运、快或慢的差别而已。每个人终要面对无常及死亡，阎罗王的通知信随时都在寄，越是拖延不去正视，越是无知，对自己不利。认识人生无常，并不是要我们时时心怀恐惧，一天到晚疑神疑鬼，担心大祸就要临头。以惠英的情境来说，在遇上人生的诸多磨难及多位亲人亡故之后，她试图从痛苦中解脱，于是追求佛法的真理，让自己在面临挚爱家人接二连三往生的悲恸与惊惧时，能够避免苦苦挣扎，不忧不惧不苦地坚强面对。因此唯有坦然面对死无常的事实，才能更加体会生命的珍贵，并积极善用有限的生命去做最有意义的事。

定：明天先到，还是后世先到？

依《教授国王经》说："死主到来，死者无一能，有亲有友、有财有位、有依有怙，带到下世的。"没有人知道死主哪天来，但当它来临时，不管是上至君王或下至走卒，没有一人能陪我们走这条黄泉路，唯有自己独行而已。这时纵然有百般万般地放不下，也都无可奈何。我们连微尘般的一点东西都无法带走，连自己的肉身也都要抛弃，更何况其他的身外之物？在这个时刻，唯持有正确观念做好准备方能从容以对。既然这是每个人必须面对的，何不让我们现在就去正视它？

有个贫苦的年轻人辛辛苦苦攒了一点钱，买了种子来种棉花，棉花收成赚了钱，再去买青稞。他把青稞存放在一间又脏又破的空屋里，一袋一袋绑在木梁上。这一天他睡在空屋里，抬头看着木梁上一袋一袋的青稞，心里得意地盘算着："假使我把这青稞卖掉，就有不少钱了，这时候就有能力娶青梅竹马的女朋友，然后生一个儿子。讲到儿子，儿子要取什么名字啊？"想着想着，这时月光从外面渗透进来。好好好，就取名"月光"好了！他完全沉浸在美好的想法中，居然没有发现，绑在梁柱上的绳子已经被老鼠咬得七零八落，就在他想着为儿子取名为月光时，整袋青稞从上面不偏不倚落在他的头上，当场把他压死了。

我们每一个人常在脑海拟定美好的计划，但有多少人完成了？我们计划的内容，真的是生命中的必须吗？

问问自己："明天先到，还是后世先到？"明天一定会来吗？假使把今天当作此生的最后一天来过，对于事情的看法及感受都会有很大的不同。例如：老板不肯帮我加薪也不是那么重要，因为用不到了；被别人毁谤时也会懒得起瞋心，因为太浪费生命了；对于同事的闲言碎语，也不会放在心上非理作意，这样的思维让自己慢下脚步，重新检视心目中重要事物的排序。换句话说，就是因为看清生命的真相，而懂得珍惜珍重，让每个当下都成为重生的契机。

以惠英为例，她或许无法理解生活中为何出现那么多灾难，也不知如何化解造成这些共业的主因，但是家人的遭遇让她上了无常这堂课，体认后世会先到、明天不一定到的事实。于是重新检视自己的生活，选择了走上学佛之道，以正面思考，走出生命中所经历的苦难与烦恼。

慧：无常观就是精进观

佛陀在《金刚经》里说："过去心不可得、现在心不可得、未来心不可得。"既然时间永远是一分一秒在消逝，想要在似箭的光阴里去执取一个永远不变或寻回一个过去，这是不可能的。

很久很久以前，有一个和尚要去远方朝圣。途中渡河时，他的木钵掉到河里去。好不容易到了圣地，人虽然在佛像前，但内心一直没有忘记他失去的木钵，所以拜佛一年也都无法专心。在踏上归途的前夕，和尚不禁想到明天又要经过那条河了，木钵掉下去的情景顿时清晰地浮现在眼前，让他不由得生起气来，一直耿耿于怀明天将要过河这件事。那时在寺庙上面的山上，住着一位神通的禅师，他看见这般情景便哭了。原来这位和尚今晚就会过世，却还在考虑明天的事；明天的事又跟前年的事纠缠着，念念不忘地记挂着那个掉在河里的木钵。和尚将在烦恼中死去，然后不停辗转下堕。

我们就是这样怀念过去、当年勇，冀望未来、未来梦；却不知道要珍惜现在，生命因此流逝。而且我们所做的任何一件事情，它都像泼出去的水，收不回来，所以“圆满当下”非常重要。

以惠英目前的心境，就好比世界知名的登山家蒙克夫·基德。他曾经多次创下不携带氧气瓶，超越空气稀薄、人类难以生存的六千五百米的登山死亡线，攀上世界第二高峰——乔戈里峰的纪录。他的这项创举曾于一九九三年入选吉尼斯世界纪录。在颁发吉尼斯世界纪录证书的记者会上，他说，无氧登山所面临的最大障碍是欲望和杂念，因为在那样的环境里，任何一个欲望或杂念，都会使人感到需要更多氧气，脑子里的杂念越多，需要的氧气就越多，反之亦然。若想要克服缺氧的环境，成功登上高峰，便必须排除一切的欲望和杂念。想要登峰造极，必须排除一切的欲望和杂念，想要获得智慧又何尝不是如此？蒙克夫·基德的故事告诉我们，修行的过程犹如登山，而获得智慧（攻顶成功）的过程，需要的是排除一切欲望和杂念。

其实排除欲望和杂念并不难，我们可以先从“不追逐念头”开始做起。一旦念头生起，立刻觉察它、切断它，别让它像连续剧般没完没了地演下去。若以开启电视作为比喻，不追念头指的就是关掉电视，电视一旦关闭，管它再精彩的剧情、再刺激的运动赛事、再血腥的社会新闻，都不会再扰动我们的心。惠英可说正攀爬在她自己的人生第一高峰上，也正在克服空气稀薄的环境，创下她自己的无氧登山纪录。蒙克夫·基德如此，惠英如此，你我又何尝不能如此呢？

可见，每个时分都是“可喜造善”和“可悲造恶”的时刻；正视“死无常”，人就会珍惜有限生命而精进起来，活力油然而生，每个当下都可以成为反转向上的契机！

看看别人，想想自己

你认为人生的目的为何？通过观无常，让我们试着运用下列的方法，为人生另辟蹊径吧！

以下是自我改善的方法，做到的请画○。

1.（　）看到周遭的无常境，我会以此警惕自己，更加珍惜生命。

2.（　）常问自己："明天先到或后世先到？"把每一天当成生命中的最后一天。

3.（　）人生无常，所以我要安排时间从事一些有助于提升心灵的活动或课程。

4.（　）提醒自己，人生不能重来，凡事审慎思维是否对生命有益？

5.（　）不缅怀过去或遥想未来，务实做好每个当下。

6.（　）当痛苦的事件发生时，警醒地立即断念，将自己从痛苦的情境中拔出。

7.（　）当某种坏习惯令我感到快乐或放松时，我警觉到它正在对身心灵造成伤害，立刻切断它、不追逐。

8.（　）我会尽心尽力把每件事情当下做好，不要有以后再补的想法。

9.（　）我充分体悟到生活中的痛苦与快乐，皆取决于心“当下这一念”。

10.（　）我时时专注于每个当下，吃饭时吃饭、睡觉时睡觉，不让自己的思绪如狂风乱吹。

个案分享

他山之石，可以攻错！借助别人的经验，将能帮助我们成长。

个案一

七十岁的陈老太太在家中对媳妇发了一顿脾气，在怒急攻心之下，竟因此急性心肌梗塞而昏倒，被救护车送进了医院，幸好在紧急进行血管支架手术后救回一命。当她手术后住进加护病房，以便于医护人员就近观察照护时，竟因为无法见到亲人而焦躁不安，甚至对加护病房里的护士大吵大闹，一直嚷着要出院回家，让医护人员困扰不已。

念头

我生病了，需要家人的陪伴，我不想一个人被关在这冷冰冰的加护病房里，万一我死在这里，身边却连一个亲人都没有，该怎么办呢？就算要死，我也要死在家里，我不要死在这个陌生的地方。

转念

我真的太幸运了，竟然能从死神手中逃过一劫！医生说，心肌梗塞的病人中有一半还没送到医院就往生，而幸运送到医院的病人中也有一半无法逃出死神的召唤。多亏了媳妇在我昏倒之后，马上打120，第一时间里得到医护人员的急救，使我成为少数的幸运者，真的该好好感谢媳妇及医护人员。以前我太爱挑剔了，老是对媳妇不满、发脾气，如果不是因为她，我今天还能好好地活着吗？

结果

以后我要多多去看媳妇的优点，而不再以自己的标准百般挑剔，也不再随便对她发脾气了。既然幸运地从死神手中逃出，我就要珍惜这难得争取来的生命。以后，每多活一天都是赚到的，我要利用活着的每一天，带给别人和自己快乐，我要多多鼓励与赞美别人、尊重别人的想法，而不再以为自己永远都是对的，我要让未来的每一天充满了意义与快乐！

个案二

莹婕高二升高三那一年，妈妈送她和弟弟上学的途中，发生了车祸，遭到后方车子追撞。车子打滑之后撞到变电箱，几乎没有时间做任何反应，车子一下子就起火爆炸了。妈妈跟弟弟都在这场车祸当中死了，只留下莹婕，独自熬过丧亲之痛与烧烫伤复健的艰苦。

念头

为什么三个人一起在车上，却只留下我一个人？我真的好难接受妈妈和弟弟已经离开我的事实。烧烫伤的复健过程，真的很痛苦，每一次的换药复健，都是在几近崩溃的边缘挣扎。我不敢去看镜中的自己，更讨厌路人对我投以好奇或可怜的眼光。

转念

生命可贵，对于自己能存活下来应当心存感恩，更何况身旁还有很多人关心我，鼓励我。想到妈妈生前总是带给人欢乐跟笑容，也想到弟弟年纪小，还有很多他想做却来不及做的事，我应该把妈妈传承给我阳光热情的精神发挥出来，也要把想念弟弟的心用来更积极努力地学习与付出。

结果

这个无常境，帮助我更珍惜现在所拥有的；懂得观功念恩，感恩别人为我所做的一切；进而期许自己在能够给予的时候，尽情地给予，因为付出才是最大的快乐。

个案三

小芬在幼儿园时，爸妈就离婚了，由爸爸独力将她抚养长大。初二上学期，她遇到了人生中最大的考验，爸爸生病去世了。身旁没有妈妈，也没有爸爸，这样的日子让她觉得孤单又难熬。

念头

爸爸前几天走了，我的快乐也少了，生活也变了，再也没有人能天天陪我谈心，陪我做功课，带给我快乐！为什么这样的事情要发生在我身上？想到爸爸，我就忍不住一直哭，我真的好希望爸爸能够再回到我身边。

转念

如果爸爸看到我这么难过，他就无法安心地走，会一直牵挂着我，这样对爸爸是很不好的。因此孝顺爸爸最好的方式就是：我要更坚强；让我的心情、生活转向正面，不要再难过了。我一定要加油！

结果

虽然爸爸走了，但是还有疼爱我的爷爷奶奶，老师和同学也很关心我。有这么多人爱我、关心我，我更要好好珍惜现在的缘分，把思念爸爸的心情转为向上的力量，好好地过生活。将来有能力，我也可以帮助有同样遭遇的人，走出伤痛。

慈智法师法语

三界无常如秋云　众生生死等同戏
众生寿命如空电　犹崖瀑布速疾行

在佛陀住世的时候，有位少妇的一岁左右的儿子病死了，这位少妇伤心欲绝，非常悲恸，她抱着小孩尸体沿街奔跑，希望有人救活这个小儿子。后来有人告诉她去请教佛陀。少妇找到佛陀，把小儿子的尸体放在佛陀面前，跟佛陀讲小儿子病逝的整个过程。佛陀非常慈悲，面容慈祥静静地听，然后说："只有一个方法可以治疗你的痛苦，你往城市方向走去，挨家挨户去问有没有没死过人的人家，跟他要一粒芥子，你拿回来我就有办法办事。”少妇听了非常欢喜，便动身一户一户去问，但是一户一户人家告诉她：“我们家都死过很多人啊！”终于少妇会意过来，就把小儿子的尸体抱着走向坟场，做最后的道别，埋葬了。她也由此看到，死死生生、生生死死苦海中，唯一出脱之道就是从轮回中解脱。

诚如龙树菩萨说：“人住死缘内，如灯在风中。”在天地间只要稍作体会，都可以知道人生是很苦短的，所有的生命最后都会步入死亡之道；这时说什么已经都来不及了。因此与其害怕“死亡”，不如以积极正向的心态去面对，我们会发现其中还有很多机会与空间，譬如身体是房子，假使这房子是间破茅舍或已倾毁，我们要如何搬进一栋高楼大厦花园洋房的好住家“往生善道”呢？世间讲，要积聚钱财；佛法说，要累积资粮。在《阿弥陀经》里，佛即说：“不可以少善根福德因缘，得生彼国。”因此当我们有资粮作为后盾的时候，就能安然面对下一世的到来。

六、另类可乐——离苦

现在乐、未来乐一定要做，现在苦、未来乐值得去做

《入行论》云："众生心求乐，而不依乐因；不愿得苦果，却从惑业求。"就像我们不明白快乐的定义，即便终其一生不断追寻，不论如何努力，终究无法将沙子榨出油来；犹如希望能实践梦想，却追逐彩虹般，阴影亦步亦趋跟随而来，最后经过一番折腾，发现到幸福愈离愈遥远，真是情何以堪！

有只黄鼠狼在外漂泊多年、身心俱疲，想尽快回到富足安乐的家乡，却在途中看到一只肥肥的母鸡，想抓回家当伴手礼。黄鼠狼一路追着母鸡，又跑又跳又钻，不但跌跌撞撞还被荆棘刺伤，不知不觉已偏离了方向；好不容易咬到母鸡的脖子，却还是被它脱逃。最后黄鼠狼不但跌倒翻了个大筋斗，还摔得眼冒金星，不禁感叹："我这是到哪儿了？唉！虽然曾经抓到一只母鸡，却离家乡祖宗更远了！"

每位有灵性的众生，原本皆有一片晴空万里的天地，却在追逐目不暇给的外境时，心灵难有片刻安宁，且常感到疲惫不堪。我们该如何守护自心回归轻安自在，走向真正离苦得乐之道？

情境

雅丽是证券公司的资深营业员，每天的工作就是接电话帮客户下单买卖股票。她抱持的理念是：富贵险中求，不到最后关头绝不轻言认输。行情好时股价上涨，客户赚钱、雅丽赚取奖金、公司可以赚手续费，可说是三赢的局面！但当股市低迷、行情不好时，雅丽明知投资要保守，她却刻意淡化风险、夸大其辞强调利润，来说服客户心动下单，以创造业绩。最后为了自保，又告诉客户："以上的意见仅供参考，任何投资都有特定的风险，买跟不买就在您的决定。"

股市生态如战场，为保持高度的竞争力，雅丽投资了很多时间进修补习考取相关专业证照，也不错过各场盘势分析的说明会。在高压的生活下，雅丽的纾解方式就是出国旅游犒赏自己；每周定期做塑身美容，以保持青春外貌让客户留下好印象。

最近主管交办雅丽负责一项重要的项目，为了这晋升的机会，雅丽还超时加班工作。没想到在最后关头竟把投标价八十亿误写为八百亿，足足多出了七百二十亿的资本差额，逼得公司只好认赔四千万的保证金，这天大的疏失等于毁了雅丽的职业生涯。

那天正排队等候搭乘电梯的雅丽无预警地昏倒，清醒过来后，她茫然望向四周，眼前的医生看着初步检验报告，神情严肃地对雅丽说："你的心脏出了问题，需要做个彻底的检查。”雅丽说不出话，因为这已经是她第三次昏倒了。

为了追求成就，日复一日努力着，乍似得到的瞬间，却什么都没有了。到头来究竟是为谁辛苦？为谁忙？世事难料，雅丽该如何让生命活得有价值、充满意义呢？

戒：该做则做，当改则改

如果有人问：“快乐是什么？”相信每个人的答案都不一样。然而我们打从出生一直到现在，所做的一切行为，其动力都是来自想“离苦得乐”。既然如此，那什么是“苦”、如何远离？什么是“乐”、如何获得？这就非常重要了！

过去有位国王因自我见解很强，总听不进谏言而一意孤行，结果引起民怨，有人意图反叛，密谋暗杀国王。国王为了防堵暗杀事件，弄得身心俱疲。有一天国王忽然想通了，觉得这样防堵不是办法，于是去请教宰相。宰相说：“好，不过这次我讲的话，国王要遵从我。”几天后，宰相出人意表地拿出一个假面具，这个假面具跟国王的五官一模一样，唯有一点不同：国王时常怒目皱眉，这个假面具却露出和蔼笑容。国王看到虽不习惯，但因宰相已把话讲在前，国王只好依照宰相的建议把面具戴上。由于这面具呈现的是慈悲笑容相，加上国王本身想改过往的恶形恶状，又身体力行非常热忱地为百姓服务，久而久之变成一位仁君，百姓也越来越爱戴他，不再抗议或谋反。整个局势大幅扭转，也稳定了国王的统治地位！于是国王召唤宰相："这面具是不是可以拿下来了？"宰相应这时机回答："可以。"当国王把面具卸下来时，一看镜子竟然吓住了，因为国王发现自己的脸比假面具更庄严！毕竟面具是假的，国王的脸才是真的，而且是发自内心的和蔼慈悲、笑容可掬。

想要快乐，不要痛苦，就要去种下快乐的因，而痛苦的因则要舍弃。什么是痛苦的因呢？就是损恼他人、伤害他人。如同上述的国王，当他从自私自利、我行我素，转为处处关照人民，便能得到人民的爱戴，更重要的是获得内心的安稳祥和。这个故事告诉我们：只要我们愿意，一定能够改变。

以雅丽而言，她个性勤勉，工作认真，如果站在客户立场，不管是在行情看好或金融风暴时期，都能真诚提供客户最新最正确的理财信息，那么她的理财专业可以帮助很多人。反之，为了自己的业绩，让客户去承担高风险的投资，看似短期获利，但违背了诚信原则，终究会失去客户的信任；而长期处于良心不安的压力下，也造成心脏出问题。世间很多人为了追求财色名利，千方百计无所不用其极，过程中可能伤了许多人，犯下许多恶业而不自知，甚至还为世俗的少许成就而沾沾自喜，自以为聪明，殊不知业力就等在前方，只待因缘成熟便会形成种种障碍，让未来充满了艰难险阻。反之，如果我们念念取善舍恶，不但自己安心，未来也会时时顺缘，处处有贵人相助。

定：当下圆满，随缘自在

《杂宝藏经》里有这么一段故事：有一天，舍卫国的波斯匿王对自己的女儿善光公主说："女儿啊！你今天之所以享有这么大的福报，受到众人的敬爱，都是因为身为我的女儿所致啊！"波斯匿王本来认为公主听了这番话以后，一定会非常感激他，没想到公主竟然回他说："父王，不是这样的，这一切都是因为我自己的业力所感召而来，并不全是因为您的缘故啊！"

波斯匿王说了三次，三次都得到善光公主相同的响应，惹得他非常生气。他便告诉善光："我倒要看看你今天所享有的福报是否真的是业力所感召。"于是便命令侍从进城去寻找一位最贫贱的年轻乞丐，将他带进皇宫来，将公主许配给这位乞丐。波斯匿王并对公主说："如果你的福报真的是凭仗着业力而来，和我一点关系都没有，今天你嫁给乞丐之后，就可以证明你的福报到底和我有没有关系了。"

话说这位年轻乞丐其实是舍卫城第一长者的儿子，原本家境非常富裕，但因父母及亲人很早便往生，在无依无怙的情况下最后流落街头。善光知道了情况之后，便要夫婿带她去故居看看。两人来到那栋倒塌的旧宅，善光随意地沿着旧宅周围走了一圈，在角落处看到地面有下陷的迹象，稍微挖掘竟露出埋藏的宝藏来。乞丐看了之后大感惊讶，因为他并不晓得父母亲竟在地底埋了那么多宝藏。之后，两人以这些财宝盖了一栋大宅，还请了多到数不清的奴婢佣人，富有的程度并不输给波斯匿王。

经典中说："自作善恶，自受其报。"意思是说只要坚持不断善念善行，自然会有善果的到来。就如同种下种子后，不断给予浇灌，自然会有收成。这也是为什么即使波斯匿王将善光公主下嫁给贫穷的乞丐，公主因为福报具足，依旧享有荣华富贵。也因为深信业果之理，让善光公主遭此逆境之时，并没有因而起烦恼，更没有歧视她的乞丐丈夫。她反而能顺应情境到旧宅仔细观察，以取舍抉择（有道富裕人家，其财宝大多藏在住处的地窖），而现出宝藏。

以雅丽来说，坚持诚信才是她最好的业绩。即便在景气低迷或金融风暴时，她如果都能以客户的利益为最大的考虑，就算短期内看似业绩下降，但长久经营却能赢得客户真正的信任。坚持这样的理念，尽管面临主管高业绩的要求或同事间竞争排挤的压力，她都能淡定处之，因为坚持内心的良善，对每个客户真诚以待，这才是真正的成就。

慧：升华自我、关爱他人

在一所著名的第一中学，新学期的第一堂课，讲台上的老师和学生一起讨论“学习”这件事情。首先他在黑板上画一个常态分布的曲线图，让学生明白他们IQ的PR值是在百分之九十以上，也就是每一百个人当中这些学生可以勇夺前十名。老师问学生：“你们知道为什么要读书吗？”学生的回答是：为了要考上大学、为了要有一份好工作，或者是要满足父母的期望；当然也有人说不知道。这位老师又说：“你们的头脑很好、会读书，甚至在社会当中能取得很重要的工作、掌握大部分的资源。可是还有许多人想求学却没有机会、想读书也读不来，但他们都在背后默默护持，并殷殷期盼你们能够发挥所长，为众人建立一个公平正义的社会。所以你们不可以只为自己而读，而是要以感恩心为大多数的人读才对！”听完了这番话，学生的眼神流露出光芒，并在心得回馈中说：“老师对我们的期望很深，我们会好好努力的。”

对照于洛克菲勒的生平故事：他是世界上第一位亿万富翁，而在敛聚财富的过程中，贪得无厌的心，不惜践踏他人，致使许多企业破产倒闭。整个追求金钱的过程，使洛克菲勒结祸连仇，当时全州的人都痛恨这个财主，因此无论白天或晚上，他都必须要有保镖随身。财富并未带给洛克菲勒幸福，他罹患了罕见的脱毛症，全身毛发包括头发、眉毛、眼睫毛不断脱落。虽然每周进账数百万美元，他却只能吃苏打饼干和喝牛奶，过着不会笑、不能睡觉、毫无质量的生活，医生更判定五十三岁的他活不过一年。这样的苦让洛克菲勒开始有所省思，醒觉到金钱不等于快乐。念头一转，他追求的不再是财富，而是慈善事业：走出自我，关爱他人。洛克菲勒成立基金会，在教育方面为美国南方兴建了一千六百多所学校，促成基础教育的普及。在医疗方面，成立了医疗研究所，资助医疗人员针对流行病进行预防研究，因此拯救了千百万名罹患肺炎、脑膜炎、脓肿、败血症患者的性命。由于不断地行善，造爱护生命的业，让重善业先感果，因此洛克菲勒不但享年九十八岁，晚年还能安享天伦之乐。

以雅丽来说，如果她在做每一件事情的时候，能够从只想着赚钱或业绩的自私，转而为客户、公司着想，那么她在写投标价的时候，必定会更加审慎，再三检查复核，不致因为心的散乱而多写一个零，让公司蒙受巨大损失。而这样的好习惯，其实是在每个当下自我要求、关照他方培养而来的。

同样一件事，可以做得很辛苦，也可以做得很快乐。正向积极的心念与态度可以避免负面情绪所带来的伤害、痛苦与干扰，并且学习面对外境的震荡时，保持真诚平和的心，善用“转念”理智思维，便能取善、舍恶，作出正确的抉择，结果更圆满，更令人欢喜。所以我们应将时间用在有意义、能带给别人幸福的事，真正快乐的泉源绝对是来自我们真心诚意关怀周边的人事物。哪怕只是对身边的人适时伸出一只扶持的手、给一个鼓励的笑容，都是温暖的传递；这样的善意就会开始一传十、十传百地照亮更多人。也只有走出自我，才能让生命有重如泰山的价值。

看看别人，想想自己

你总是任由物质欲望不断鞭策着你，乃至于不眠不休追逐各种物质的满足，而迷失了方向吗？此时此刻请静下心来，真诚面对自己，好好检视内心吧！

以下是自我改善的方法，做到的请画○。

1.（　）我知道自己长期以来总是找各种理由来合理化自己的贪欲，从现在开始我决心不再找任何理由来掩饰贪执的行为。

2.（　）当机会来临时，我会好好掌握它，以合理、正当且不伤及自己和别人的方式去获取。

3.（　）在做任何事情时，我会勇于任事并且不执着于结果的是非成败。

4.（　）当念头生起的时候，我会一次次慎重判断取善、舍恶。

5.（　）我会合理且适当地分配时间，注重心性的提升，而不再盲目地操劳忙碌？

6.（　）我知道“自作善恶，自受其报”的道理，且不以善小而不为，不以恶小而为之。

7.（　）当别人强取豪夺而损及我的权益时，我绝不以相同的方式反击，并引以为戒。

8. （　）每当贪欲生起时，我会告诉自己，欲望是一个黑洞，永远没有满足的一天，我拒绝成为欲望的俘虏！

9. （　）我知道生命和亲情远比金钱重要，我绝不为了获取更多的金钱而牺牲健康与亲情。

10. （　）时时停下来问自己："我所作的是否与真正离苦得乐的方向一致？"

个案分享

他山之石，可以攻错！借助别人的经验，将能帮助我们成长。

个案一

彦宏自从上了博士班之后，为了争取哈佛大学的奖学金，开始不眠不休地做着各项实验，三餐既不定时也不定量，更多时候甚至忙到废寝忘食，妻子也经常熬夜帮他整理、归纳各种研究数据。如此忙碌了几年之后，有一天，他收到一封哈佛大学寄来的信，他终于成功申请到哈佛大学三年的全额奖学金！就在夫妻两人欣喜若狂，等着收割几年来辛苦耕耘的成果时，彦宏因为身体不适而昏倒，送医经过各项检查后，发现他罹患了末期肝癌，肿瘤已有六公分大，医生宣判他仅剩三个月的寿命。

念头

我之所以拼尽了力气争取到哈佛大学的奖学金，是为了人生的荣耀，我相信只要能进哈佛，将从此一帆风顺。未来，我可以进大学任教，成为一位知名的学者，在国际期刊上发表研究成果，拥有稳定的生活及丰厚的收入，给父母、妻子衣食无虞的生活。反正我还年轻，健康和体力都没有太大的问题，只要辛苦几年就可以熬出头，到时候我还能好好照顾自己的健康，现在辛苦一点没关系的。

转念

理想虽然很重要，但健康和家人更重要，在追逐理想的过程中，我应该量力而为，像我这样不眠不休、废寝忘食，结果把身体搞坏了，就算达成了理想又如何呢？我的父母已逐渐老迈，妻子也还年轻，现在我罹患了重病，他们未来该如何是好？虽然我很懊悔自己这几年来对于健康的轻忽，但事情既已发生，懊悔又有何用？我应该好好把握剩余的生命，积极治疗，并且勇敢地对家人说出平日埋在心里不轻易出口的爱和感恩，至少在生命的最后阶段，真正扮演好身为人子及人夫的角色。

结果

我终于放下自己过去所有的执着，在死亡当前，每一分每一秒都显得无比珍贵，在这段治疗及休养的过程中，我停下了过去追逐的脚步，重新看待自己的人生，终于真正体认到，在死亡面前，所有的欲望及成就都显得如此微不足道。在仅剩的生命岁月里，我真正懂得了何谓“活在当下”，虽然我对父母及妻子深感抱歉，但人生的这一门功课，我已懂得。

个案二

Lily 愉快地逛着精品店，这家刚开的法国服饰不但款式新潮而且都是限量。她试穿了一双高跟凉鞋，觉得非常满意，马上拿起电话拨给阿凯，也就是她随传随到的男朋友，叫他马上来付钱。阿凯虽然只是个薪水少得可怜的搬运工，但是对 Lily 百依百顺，马上带着刚领的薪水赶过去。

那些钱只够买一双鞋，付了钱 Lily 就把阿凯打发走了。可是还有那么多的衣服包包都让人爱不释手，怎么办呢？这时 Lily 想到了找肥羊张董，只要 Lily 给他一点甜头，色眯眯的张董绝对会买给她。果然，张董马上带着金卡来买单，Lily 挽着张董，又提着大包小包，两人离开了精品店。想不到张董仗着自己付了钱就是大爷，竟然把 Lily 当作玩物。Lily 狼狈地回到住处，却发现阿凯离开了，只留下一张字条在桌上："我看见你跟别的男人在一起，你怎么可以这样对待我！"

念头

现在的社会是笑贫不笑娼，我拥有青春美貌，好好打扮自己有错吗？遇到张董算我倒霉，可是阿凯那个呆子干嘛那么计较？我跟张董只不过是玩玩而已，阿凯是真的不要我了吗？

转念

为了追求光鲜亮丽的外表，我把自己都出卖了，才会遇到张董这种人。看着镜子中的自己，我打扮得这么漂亮到底意义在哪里？现在真正对我好的阿凯已经被我气走了，回到家连家人也都不想理我！我这个拜金女到底怎么了，为什么要过这种生活？

结果

我剪掉所有的信用卡，找了一份固定的工作，这份工作薪水不高，但是我努力适应规律的上班生活。每个月的薪水除了偿还卡债，我也会拿出一部分孝养父母，家人渐渐地也接受我了。从中体会到钱真的得来不易，过去的自己太挥霍；现在不再追逐名牌的日子，内心反而安稳踏实多了。

个案三

奕臻从小家境富裕，生活养尊处优，以为住别墅洋房是寻常，想要什么就有什么也是理所当然，同学还会指着她大叫有钱人。直到奕臻上了初中，爸爸经商失败，从一位公司副总变成幼儿园娃娃车司机；妈妈从家庭主妇变成家庭代工。妈妈手艺还不错，接了代工为人缝制衣服上的图案，因为妈妈想要多赚一点钱，于是常常熬夜工作、饮食又不正常，加上叛逆期的弟弟和爸爸的关系紧张，妈妈承受了很大的压力，劳身又劳心。在奕臻大三的时候，妈妈竟检查出罹患癌症且已是末期。在考虑家中经济负担以及病况的严重性，妈妈决定放弃做任何治疗，从发现到往生只有短短的一个月，这样的变故让全家人措手不及、哀恸不已。

念头

我一直期盼着只要大学毕业，就可以出去工作，改善家中经济，妈妈便不用这么辛苦，幸福快乐将会随之而来；结果却是什么都没有，只换来妈妈的往生，我因此而感到非常绝望。接下来的日子，我把这剧痛埋藏在心里，如行尸走肉般继续忙碌，究竟是为谁辛苦为谁忙，谁能告诉我答案?

转念

我不能继续沉浸在悲伤中，再怎么难过也唤不回妈妈。妈妈这一生辛苦操劳全是为了这个家，现在妈妈离开了，看着爸爸走不出丧妻之痛，弟弟又交了坏朋友误入歧途，我应该要坚强，我要代替妈妈承担起照顾这个家的责任。

结果

我先找了一份工作来稳定家中的经济状况。在这过程中，因为同学的介绍一起去上了心灵成长课程。我用心把正确的观念带回家中跟弟弟分享，也努力帮爸爸找回生活重心，我还会定期担任志工，学习为他人服务。渐渐地我明白了，过去所追求的幸福并不在彩虹的彼端，真正的快乐是面对问题，每个当下自我要求做与改。现在的我还是很忙，只是忙得有目标、忙得很快乐、忙得有意义。

慈智法师法语

大半辈子追求梦想快乐
把幸福建立在彩虹彼端
以为彩虹彼端是一坛金
却忽略阴影已尾随而至

我们这个人身说来非常难得，却又那么地短暂，若不珍惜珍重，很容易就空过这一生。所以应多充实自己，为自己的人生找到正确的方向，如此每个当下才能作出正确的抉择。在佛法的学习中，提供四项准则：一是现在快乐，未来也会快乐：一定要做。二是现在痛苦，未来痛苦：绝对不要做。三是现在痛苦，但是未来会快乐：值得去做。四是现在快乐，但是未来痛苦：千万不要做。

过去佛陀曾是一位菩萨行者的国王，任何人只要对他有所索求，他都不吝施予，人人称他为“一切施王”。当时邻国有个婆罗门小孩，因为父亲早死，和年迈的妈妈、姊姊相依为命。有一天家里实在穷困得过不下去了，于是妈妈告诉小孩：“听说邻国的国王是位肯布施的仁君，你去向他乞讨，来解决我们家境的问题吧！”在抵押妈妈、姊姊的情况下，好不容易借到了一些盘缠，小孩就上路了。在这同时间，一切施王由于得到百姓爱戴而引起邻国国王的嫉妒，发兵来攻打。眼看就要兵临城下，一切施王却好像若无其事，大臣们非常心慌地再三请求国王：“我们是不是应该准备应战啊？”王说：“邻国国王要的只是我的王位，我之所以不想做任何抵抗，是因为不愿意让百姓受无谓的伤害与牺牲。”当天夜晚，一切施王就把印信留下，换上一身便服，一个侍者也没带，悄悄骑马出城了。

走了一段路程，有个小孩子过来向一切施王乞讨，这小孩就是前面提到的婆罗门小孩，他盘缠已尽，一路打零工。小孩处境凄苦地说：“我和妈妈、姊姊三人，全部的希望就是找到一切施王。”一切施王很同情小孩，他说：“我就是你要找的一切施王。”小孩子很震惊，看着衣衫褴褛的一切施王说：“你怎么可能会是一位国王呢？”王就将自己让出宝座的过程说给小孩听，小孩放声大哭问："您现在丧失国土，钱财也没有了，怎么帮助我啊？"王说："这位暴君正重金奖赏捉拿我，不如你绑住我去领赏金吧！"小孩毕竟不懂事，真的把王绑起来要去领赏金。当全国臣民看到一切施王被绑着回来，都哭得稀里哗啦，暴君则是喜出望外，因为不费吹灰之力就俘虏了一切施王。但是暴君看到一切施王身旁的人都哭倒了，不禁问道："为什么大家这么伤心？"大臣们就将一切施王放弃王位只为求百姓安然生存的苦心讲了出来。暴君又问这小孩是怎么把一切施王绑过来的？小孩也将来龙去脉告诉他。暴君听着，深为一切施王的行风所感动，他良心发现，泪水像防波堤决裂的潮水般涌流出来，他走到一切施王前面，把捆绑的绳索解下来，向一切施王顶礼，然后把国土还给了他。

佛陀就是如此生生世世以利益众生而忙，最后成就为圆满觉者，为我们开示真正离苦、除过，得乐、引德之道。所以每个当下现在乐、未来乐一定要做；现在苦、未来乐值得去做，依此突破自我，欢喜利他，必能创造自他恒久幸福。

图书在版编目(CIP)数据

十二堂欢喜自在的修心课/法相山文教基金会，释慈智著. —上海：上海人民出版社，2016

ISBN 978-7-208-13378-5

Ⅰ. ①十… Ⅱ. ①法… ②释… Ⅲ. ①佛教-人生哲学-通俗读物 Ⅳ. ①B948-49

中国版本图书馆 CIP 数据核字(2015)第 255750 号

责任编辑　周　珍

封面设计　法相山文教基金会　释慈智

美术编辑　甘晓培

十二堂欢喜自在的修心课

法相山文教基金会　释慈智 著

世 纪 出 版 集 团

上海人民出版社出版

(200001　上海福建中路 193 号　www.ewen.co)

世纪出版集团发行中心发行　　浙江新华数码印务有限公司印刷

开本 890×1240　1/32　印张 7.75　插页 5　字数 121,000

2016 年 1 月第 1 版　2016 年 1 月第 1 次印刷

ISBN 978-7-208-13378-5/B・1153

定价 30.00 元